AF377794

PETITE
HISTOIRE DU MOYEN AGE

POUR LE PREMIER AGE

Par G. BELEZE

ANCIEN CHEF D'INSTITUTION A PARIS.

PARIS.

IMPRIMERIE ET LIBRAIRIE CLASSIQUES

De JULES DELALAIN et FILS

RUE DES ÉCOLES, VIS-A-VIS DE LA SORBONNE.

1871

Les contrefacteurs ou débitants de contrefaçons de cet Ouvrage seront poursuivis conformément aux lois ; tous les exemplaires sont revêtus de notre griffe.

Jules Delalain et fils

1871.

AVANT-PROPOS.

Ce petit cours d'histoire du moyen âge est divisé en un certain nombre de chapitres à peu près d'égale longueur, et chaque chapitre est divisé luimême en trois parties offrant chacune un petit récit complet. Les questionnaires placés au bas des pages permettent facilement d'interroger les élèves et de s'assurer qu'ils ont retenu et bien compris ce qu'ils ont lu. Voici comment on peut procéder pour que les enfants étudient avec fruit ce volume. Tous les élèves d'une même classe ayant le livre entre les mains, chacun lit, à son tour, un paragraphe du chapitre qui fait l'objet de la leçon. Cette lecture terminée, on la recommence de la même manière. Puis vient l'interrogation faite à l'aide du questionnaire, le maître s'adressant tantôt à un élève, tantôt à un autre. Ces deux exercices, répétés deux fois, sont suivis d'un troisième exercice pour les élèves que le maître juge capables de ce travail : nous voulons parler de la rédaction, exercice auquel on ne saurait habituer trop tôt les élèves. Ce mode d'enseignement, si facile à mettre en pratique, soit dans les écoles, soit dans les familles, a beaucoup d'attrait pour les enfants, dont l'intelligence et la mémoire se développent graduellement par ces divers exercices appropries à leur âge et à leurs facultés.

PETITE

HISTOIRE DU MOYEN AGE.

— ⊰∘∙∘⊱ —

CHAPITRE PREMIER.

Arcadius et Honorius. Empire d'Orient et empire d'Occident. Les barbares. — Les Germains. Mœurs de ces peuples. Invasion d'Alaric en Orient. — Première invasion d'Alaric en Italie. Sa défaite. Invasion de Radagaise.

1. Arcadius et Honorius. Empire d'Orient et empire d'Occident. Les barbares. — Après Théodose le Grand (395), l'empire romain avait été partagé entre ses deux fils, Arcadius et Honorius : le premier eut l'Orient, et le second l'Occident. L'empire d'Orient, avec Constantinople pour capitale, était divisé en deux préfectures, celle d'Orient et celle d'Illyrie, et comprenait l'Égypte, l'Asie, de l'Euphrate à la Méditerranée, la Thrace, la Macédoine, la Grèce, l'Illyrie orientale. L'empire d'Occident, également divisé en deux préfectures, celle d'Italie et celle des Gaules, comprenait l'Italie, l'Illyrie occidentale, l'Afrique, l'Espagne, la Gaule, la Grande-Bretagne. Milan fut la résidence de l'empereur, Rome conservant

QUESTIONS. — 1. Comment fut partagé l'empire romain entre les deux fils de Théodose ? — Que renfermait l'em-

toujours le titre et les honneurs de capitale. Les deux fils de Théodose ne régnèrent réellement ni l'un ni l'autre : le Vandale Stilicon, habile et vaillant homme de guerre, donné pour tuteur à Honorius, exerça la souveraine puissance en Occident; le Gaulois Rufin gouverna l'Orient, et n'usa du pouvoir que pour satisfaire ses mauvaises passions.

L'empire romain avait recouvré quelque gloire et quelque force sous Constantin et Théodose; mais il portait en lui-même les germes d'une dissolution prochaine. Le patriotisme et l'amour de la liberté étaient éteints dans toutes les âmes : les Romains dégénérés ne demandaient plus que du pain et des jeux.

Les armées, composées en grande partie de soldats mercenaires, étaient toujours disposées à la révolte. Les habitants des provinces, accablés d'impôts, languissaient dans une profonde misère. En même temps les frontières de l'empire étaient menacées par des bandes innombrables de barbares, surtout au nord, vers le Rhin et le Danube, où se pressaient les peuples de race germanique. Parmi les peuples germains on remarquait les Allemands, les Francs, les Bavarois, les Suèves, les Goths, les Vandales, les Hérules, les Bourguignons et les Lombards. Les Angles, les Saxons et les Normands appartenaient aussi à la même race.

pire d'Orient? — De quelles provinces se composait l'empire d'Occident? — Quels hommes gouvernèrent réellement dans les deux empires? — Par quels peuples

1.

2. Les Germains. Mœurs de ces peuples. Invasion d'Alaric en Orient. — Les Germains étaient remarquables par leur grande taille, leur chevelure blonde et leurs yeux bleus. Passionnés pour la guerre, ils dédaignaient les soins domestiques et l'agriculture, qu'ils laissaient aux femmes et aux esclaves. Toujours en armes, ils marchaient au combat sous la conduite du guerrier le plus renommé et y déployaient un courage intrépide. Ils croyaient que les braves tombés sur le champ de bataille étaient reçus après leur mort dans le palais d'Odin, leur grande divinité, et que dans ce séjour de délices ils devaient sans cesse et tour à tour se battre et s'asseoir à de joyeux festins. Les Germains avaient un profond respect pour la justice et pratiquaient religieusement l'hospitalité. Mais à ces vertus se joignaient des vices grossiers : trop souvent, dans leurs fêtes, le plaisir de boire amenait l'ivresse et des rixes sanglantes. Rome de puis longtemps avait appris à connaître les Germains : les Cimbres et les Teutons l'avaient épouvantée au temps de Marius; sous Auguste, Varus avait succombé avec trois légions dans les forêts de la Germanie. C'étaient ces mêmes peuples qui devaient jouer le principal rôle dans la grande invasion des barbares.

Les Visigoths (Goths de l'Ouest), placés sur les bords du Danube, s'étaient engagés, moyennant

les frontières étaient-elles menacées ? — 2. Donnez quelques détails sur les Germains. — A quel chef les Visigoths obéissaient-ils ? — A quelle occasion envahirent-ils

une solde annuelle, à défendre de ce côté les frontières de l'empire. Ils obéissaient alors à un chef aussi brave qu'entreprenant, nommé Alaric. Rufin, ministre d'Arcadius, redoutant les prétentions de Stilicon, qui aspirait à gouverner les deux empires, excita secrètement les Visigoths à se révolter. Alaric, sous prétexte d'un retard dans le payement de la solde militaire, marcha aussitôt vers Constantinople, ravagea la Thrace et la Macédoine et pénétra jusque dans le Péloponnèse. Stilicon accourut au secours des provinces d'Orient et, par d'habiles manœuvres, cerna les ennemis dans les forêts de l'Arcadie. Mais Alaric réussit à s'échapper et traita avec l'empereur Arcadius, qui lui accorda le titre de maître de la milice dans la préfecture d'Illyrie. Peu après, Alaric fut proclamé roi par ses soldats (401).

3. Première invasion d'Alaric en Italie. Sa défaite. Invasion de Radagaise. — Les Visigoths convoitaient les richesses de l'Italie. Alaric, profitant de l'absence de Stilicon, franchit les Alpes et apparut en Vénétie et en Ligurie. Ses soldats, ne trouvant pas de résistance, devinrent les plus cruels de tous les hommes : toutes les villes qui tombèrent en leur pouvoir furent détruites; ils tuaient tout ce qu'ils rencontraient, vieillards et jeunes hommes, femmes et enfants. Stilicon, accouru du fond de la Rhétie, marcha contre les Visigoths et les força de se replier sur Pollentia,

les provinces d'Orient? — Quels furent les résultats de cette tentative? — 3. Racontez la première invasion d'Alaric en Italie. — Par qui fut-il battu? — Comment

où il les attaqua et les battit; puis les poursuivant dans leur retraite, il les défit encore près de Vérone. Alaric regagna en toute hâte l'Illyrie (402). L'empereur se crut sauvé et vint à Rome célébrer un magnifique triomphe, ayant à ses côtés sur son char le vainqueur des barbares; il y eut des fêtes où l'on vit pour la dernière fois les combats de gladiateurs. Honorius, ne se croyant plus assez en sûreté à Milan, alla fixer sa résidence à Ravenne, ville alors défendue par les lagunes de l'Adriatique.

Deux cent mille Suèves venus des bords de l'Oder, et conduits par un chef nommé Radagaise, franchirent le Danube et les Alpes, qui n'étaient plus suffisamment gardés, et pénétrèrent sans obstacle jusque sous les murs de Florence, qu'ils assiégèrent. Stilicon accourut encore pour arrêter les barbares, qui, à son approche, levèrent le siége; il les suivit pas à pas et réussit à les cerner sur les rochers de Fésules, où bientôt ils furent affamés. Radagaise essaya de se sauver; il fut pris et décapité. Quant aux siens, ils se rendirent et furent vendus comme esclaves (406).

l'empereur Honorius célébra-t-il la victoire de son général Stilicon? — Dans quelle ville alla-t-il ensuite fixer sa résidence? — L'invasion des Suèves eut-elle quelque succès? — Quel fut le sort de Radagaise?

CHAPITRE II.

La grande invasion. Dévastation de la Gaule. Meurtre de Stilicon. — Deuxième invasion d'Alaric. Prise de Rome. Mort d'Alaric.— Ataulf et Wallia, successeurs d'Alaric. Fondation du royaume des Suèves; du royaume des Visigoths en Gaule et en Espagne. Fondation du royaume des Bourguignons.

4. La grande invasion. Dévastation de la Gaule. Meurtre de Stilicon. — La malheureuse tentative de Radagaise ne découragea pas les barbares. Le reste de la nation des Suèves, les Vandales, les Alains et les Bourguignons se dirigèrent vers le Rhin, qui servait de barrière à la Gaule. Les Francs, comme alliés de l'empire, avaient la garde du fleuve ; ils essayèrent d'en défendre le passage, mais, après une opiniâtre résistance, ils furent mis en déroute par la cavalerie des Alains, et les barbares confédérés, ayant franchi le Rhin près de Mayence, se répandirent comme un torrent dans la Gaule, qui pendant deux ans fut livrée aux plus affreuses dévastations (406). Enfin les Suèves, les Vandales et les Alains passèrent les Pyrénées pour aller piller les richesses de l'Espagne, tandis que les Bourguignons s'établissaient entre la Saône et le Jura.

QUESTIONS. — 4. Quels peuples franchirent le Rhin et envahirent la Gaule? — Où s'établirent les Bourguignons?

Cependant Alaric voulait aussi avoir sa part des dépouilles de l'empire d'Occident, et il eut bientôt un prétexte de l'envahir. La gloire de Stilicon excitait depuis longtemps l'envie et la haine des courtisans ; ils lui faisaient un crime du dévouement que lui montraient les barbares auxiliaires avec lesquels il avait défendu Rome contre les autres barbares, et ils l'accusèrent d'aspirer à l'empire. Le crédule Honorius ajouta foi à cette accusation et ordonna de faire périr Stilicon, qui fut massacré sur le seuil d'une église de Ravenne d'où on l'avait arraché (408). En même temps, il porta un arrêt de mort contre les Goths auxiliaires qui étaient en Italie : ceux-ci s'enfuirent auprès d'Alaric et lui demandèrent vengeance.

5. Deuxième invasion d'Alaric en Italie. Prise de Rome. Mort d'Alaric. — La vengeance ne se fit pas attendre. Pour la seconde fois, Alaric franchit les Alpes et marcha sur Rome. Partout les Goths se montraient sans pitié: Aquilée, Crémone, toutes les cités qu'ils rencontrèrent, furent pillées ou détruites ; enfin ils cernèrent Rome elle-même, où la famine se fit bientôt sentir. Des députés vinrent trouver Alaric dans son camp et lui offrirent la paix, en lui représentant que, s'il persistait dans son dessein, il aurait à combattre une multitude au désespoir. « L'herbe serrée se fauche mieux, » répondit-il ; toutefois il consentit à se retirer, à la condition que la ville paye-

— Que firent les autres peuples barbares ? — Racontez la mort de Stilicon. — Que firent les Goths auxiliaires ? — 5. Racontez la deuxième invasion d'Alaric et la prise

rait pour sa rançon 5,000 livres pesant d'or et 30,000 livres pesant d'argent.

Honorius, enfermé dans Ravenne, osa braver le chef barbare, en refusant de ratifier les conditions du traité. Aussitôt Alaric, qui était campé en Étrurie, retourna contre Rome, et cette fois il s'en empara. Cette ville orgueilleuse subit à son tour les humiliations qu'elle avait infligées à tant d'autres cités. Durant six jours elle fut livrée au plus affreux pillage : les Goths n'épargnèrent que les églises, où du moins les malheureux habitants trouvèrent un asile inviolable (410).

Trois mois après, Alaric mourut à Consentia, dans le Bruttium. Ses soldats voulurent lui donner une sépulture qui ne ressemblât à aucune autre : ils détournèrent les eaux du Bussentin, qui arrosait les murs de Consentia, et après avoir creusé le lit du fleuve et déposé le corps de leur roi dans ce tombeau, ils laissèrent les eaux reprendre librement leur cours.

6. Ataulf et Wallia, successeurs d'Alaric. Fondation du royaume des Suèves; du royaume des Visigoths en Gaule et en Espagne. Fondation du royaume des Bourguignons. — Ataulf, beau-frère et successeur d'Alaric, au lieu de poursuivre la guerre contre l'empire romain, aima mieux le défendre pour assurer à sa nation un établissement fixe et durable. Il fit la paix avec

de Rome. — Racontez la mort d'Alaric. — 6. Que fit Ataulf, successeur d'Alaric? —Comment périt-il? —Dites quels furent les succès de Wallia en Espagne. — Com-

Honorius, dont il épousa la sœur, Placidie, que les Goths retenaient captive dans leur camp depuis la prise de Rome. Ataulf, de concert avec Constance, général de l'empereur, délivra la Gaule des usurpateurs qui se disputaient la possession de cette contrée; puis il passa les Pyrénées pour combattre les barbares, Alains, Suèves et Vandales, qui pillaient l'Espagne; mais il périt assassiné à Barcelone. Wallia, son successeur, fut plus heureux. Il battit les Alains, les détruisit en partie et força les autres à se réfugier en Bétique, où ils se confondirent avec les Vandales. Les Suèves, vaincus à leur tour, obtinrent la paix et se retirèrent dans la Galice et les Asturies, où ils fondèrent un royaume. Honorius récompensa les services des Visigoths en leur concédant l'Aquitaine, avec Toulouse pour capitale (419). Les premiers successeurs de Wallia ajoutèrent à cette province tout le pays compris entre la Loire et les Pyrénées, ainsi que la plus grande partie de l'Espagne.

Les Bourguignons, qui, après leur entrée en Gaule, s'étaient établis sur les rives de la Saône et du Rhône, gardèrent ce qu'ils occupaient, et peu à peu étendirent leur domination sur les provinces voisines. Gondicaire fut leur premier roi.

ment Honorius le récompensa-t-il? — Quels sont les royaumes barbares qui furent fondés?

CHAPITRE III.

Valentinien III. Aétius et Boniface. Les Vandales appelés en Afrique.—Genséric. Siége d'Hippone ; saint Augustin. L'Afrique cédée aux Vandales.—Genséric tout-puissant à Carthage. Il est appelé en Italie. Prise et sac de Rome.

7. Valentinien III. Aétius et Boniface. Les Vandales appelés en Afrique. — Trois royaumes barbares avaient été déjà fondés du démembrement de l'empire romain quand Honorius mourut (**424**), laissant pour successeur Valentinien III, fils de sa sœur Placidie et du Romain Constance[1]. Placidie gouverna au nom de son jeune fils et donna toute sa confiance au Scythe Aétius, habile et vaillant capitaine, que son mérite avait fait élever au rang de patrice. Aétius se montra digne de sa haute fortune. Le roi des Visigoths, Théodoric, ayant envahi la Provence, Aétius le battit deux fois et le contraignit à se renfermer dans ses États. Au nord, il vainquit les Francs qui cherchaient à entamer les frontières de la Gaule romaine. Malheureusement tout fut compromis par la révolte du comte Boniface, gouverneur de

QUESTIONS. — 7. Qui succéda à Honorius ? — A qui Placidie donna-t-elle toute sa confiance ? — Quels peuples furent repoussés par Aétius ? — Pourquoi le comte

1. Placidie, après la mort d'Ataulf, avait épousé Constance, général d'Honorius.

l'Afrique. Boniface, accusé de trahison par Aétius, reçut de l'impératrice Placidie l'ordre de se démettre de son commandement; il refusa d'obéir et, pour soutenir sa rébellion, il appela à son aide les Vandales. Ceux-ci, toujours avides de butin, s'empressèrent de répondre à son appel; ils firent leurs adieux à l'Espagne en saccageant tout ce qu'ils ne pouvaient emporter, passèrent le détroit de Cadix et parurent en Afrique, conduits par leur roi, le terrible et cruel Genséric.

8. Genséric. Siége d'Hippone; saint Augustin. L'Afrique cédée aux Vandales. — Le comte Boniface, ramené au devoir par saint Augustin, évêque d'Hippone[1], se repentit d'avoir appelé les barbares et voulut leur résister. Genséric, ayant fait alliance avec les Numides, implacables ennemis des Romains, commença une guerre d'extermination. Boniface, vaincu dans une grande bataille, se renferma dans Hippone, où il fut tenu assiégé durant quatorze mois. Saint Augustin, malgré son âge avancé, ne cessa de prodiguer des secours et des consolations aux malheureux habitants. Du moins il n'eut pas la douleur de voir la ruine de sa ville; un mois après sa mort, elle tomba au pouvoir des barbares, qui la livrèrent aux flammes. Boniface essaya de lutter encore, mais il fut vaincu dans une seconde bataille

Boniface se révolta-t-il? — Quel peuple appela-t-il en Afrique? — 8. Quel était le chef des Vandales? — Que fit Genséric? — Dans quelle ville Boniface fut-il assiégé?

[1]. Aujourd'hui Bône, ville de l'Algérie.

qui décida du sort de l'Afrique. L'empereur Valentinien III, désespérant de conserver cette province, la céda aux Vandales, sous la condition d'un tribut annuel (435). Ce fut le quatrième État fondé par les barbares.

9. Genséric tout-puissant à Carthage. Il est appelé en Italie. Prise et sac de Rome. — Pour être maître de toute l'Afrique romaine, Genséric n'avait plus qu'à conquérir Carthage : il s'en empara par surprise, et cette ville devint la capitale de son royaume. Grâce aux nombreux vaisseaux qu'il fit construire, il régna souverainement sur la Méditerranée ; la Sicile, la Sardaigne, la Corse, tombèrent successivement en son pouvoir. C'est du port de Carthage, qui avait recouvré toute son ancienne puissance, qu'il partait pour aller piller les côtes des deux empires. « Maître, lui disait un jour son pilote, à quels peuples veux-tu porter la guerre ? — Suis le vent, répondit Genséric ; il te poussera contre ceux-là que Dieu veut châtier. »

L'empereur Valentinien III, ayant fait mettre à mort le patrice Aétius, fut tué lui-même par le sénateur Pétrone Maxime, qui prit la pourpre. Eudoxie, veuve de Valentinien, pour venger ce crime et cette usurpation, appela les Vandales en Italie. Genséric, débarqué à Ostie, marcha sur Rome, qui fut prise sans résistance et livrée au plus horrible pillage durant quatorze jours en-

— Qui était alors évêque d'Hippone ? — Quel fut le sort de cette ville et celui de l'Afrique ? — 9. Quelle était la puissance de Genséric à Carthage ? — Dans quelle cir-

tiers[1]. Les statues du Capitole, les vases des églises, les richesses du temple de Jérusalem, apportées autrefois par Titus, devinrent la proie des barbares. Toutes ces dépouilles allèrent orner Carthage, l'ancienne rivale de Rome. L'impératrice Eudoxie fut emmenée captive avec une grande partie de la population (455).

CHAPITRE IV.

Attila. Les Huns. Ils attaquent l'empire d'Orient. — Invasion de la Gaule par les Huns. Siéges de Troyes et d'Orléans. Bataille des champs Catalauniques. — Invasion des Huns en Italie. Mort d'Attila. Fin de l'empire d'Occident.

10. Attila. Les Huns. Ils attaquent l'empire d'Orient. Pendant que Genséric tenait sous sa domination toute l'Afrique romaine, un autre chef de barbares épouvantait les deux empires par ses dévastations : c'était Attila, roi des Huns, qui s'appelait lui-même *le fléau de Dieu*, et qui disait que l'herbe ne poussait plus là où son cheval avait passé. Aussi le nom de cet homme est-il resté dans le souvenir des peuples comme un objet de terreur. Les Huns appartenaient à la

constance fut-il appelé en Italie? — Racontez la prise de Rome.

Questions. — 10. Donnez quelques détails sur Attila

1. C'est en souvenir de ces dévastations que le nom de Vandale est devenu synonyme de dévastateur.

race scythique ; des plaines de la Tartarie ils s'étaient peu à peu avancés jusque sur les rives du Danube. Ils inspiraient l'effroi par leur aspect hideux, et leur férocité égalait leur laideur.

Attila avait commencé son règne en tuant son frère Bléda ; puis il avait soumis les Tartares, une foule de tribus slaves ou sarmates et plusieurs peuples de la Germanie, entre autres les Gépides, les Marcomans et les Ostrogoths. Excité par Genséric, qui voulait déchaîner de nouveau les barbares contre l'empire romain, le roi des Huns franchit le Danube et marcha vers Constantinople, dévastant les provinces qu'il traversait et détruisant toutes les villes qui tombaient en son pouvoir. L'empereur d'Orient, le faible Théodose II, épouvanté à l'approche des barbares, promit, pour les éloigner, de leur payer un tribut annuel de deux mille livres d'or. Mais en même temps, usant de perfidie, il essaya de faire assassiner leur roi. Le complot fut découvert. Attila indigné exigea des réparations, et on lui envoya des ambassadeurs. Il les reçut dans son palais de bois, et les humilia en leur donnant à table la dernière place ; puis, il les congédia, sans leur faire aucun mal, en leur disant avec mépris : « Votre empereur est descendu au rang d'esclave, et, comme un esclave méchant, il a voulu attenter à la vie de son maître. »

et sur les Huns. — Quels peuples Attila avait-il soumis ? — Par qui fut-il excité à attaquer l'empire d'Orient ? — Que fit Théodose II ? — Comment Attila se vengea-t-il de la perfidie de l'empereur ? — 11. Qui succéda à Théo-

11. Invasion de la Gaule par les Huns. Siéges de Troyes et d'Orléans. Bataille des champs Catalauniques. — Théodose II mourut peu après (450) et eut pour successeur Marcien, brave soldat, qui imposa aux barbares par la fierté de son langage. Attila réclamant le tribut, Marcien lui répondit : « J'ai de l'or pour mes amis, et du fer pour mes ennemis. » Attila, craignant d'éprouver une trop longue résistance, ou peut-être lassé de piller l'Orient, tourna ses vues vers l'Occident. Il demanda à l'empereur Valentinien III la moitié de ses États et la main de sa sœur Honoria. Le refus qu'il essuya fut pour lui un prétexte de guerre. Il envahit la Gaule avec cinq ou six cent mille barbares, et toutes les cités entre le Rhin et la Seine furent horriblement saccagées. La ville de Troyes dut son salut à la courageuse fermeté de son évêque saint Loup, et Paris aux prières d'une simple bergère de Nanterre, sainte Geneviève (patronne de Paris). Attila passa la Seine et assiégea Orléans. La prise de cette ville devait livrer aux envahisseurs toute la Gaule centrale. L'évêque saint Aignan exhorta les habitants à mettre leur confiance dans le Seigneur et à implorer sa miséricorde ; en même temps il avait fait connaître son danger au général romain Aétius. Bientôt du haut des remparts on vit s'élever dans le lointain un grand nuage de poussière : c'étaient Aétius avec les Romains, Théo-

dose II? — Que répondit Marcien aux réclamations d'Attila? — Racontez l'invasion de la Gaule par les Huns. — Par qui furent sauvées les villes de Troyes, de

doric avec les Visigoths, Mérovée avec les Francs et les Bourguignons qui accouraient à la défense de la ville. Attila leva le siége, et reculant lentement devant ses adversaires, il s'arrêta, pour combattre, dans les champs Catalauniques, vastes plaines entre Troyes et Châlons-sur-Marne. Il y eut là une terrible bataille dans laquelle périrent, dit-on, 160,000 hommes. Attila, vaincu, se réfugia dans son camp, qu'il fit entourer d'une enceinte formée des chariots et des bagages de son armée, résolu à périr avec tous les siens s'il était forcé dans ses retranchements. Aétius et ses alliés n'osèrent pas engager une nouvelle lutte avec un ennemi réduit au désespoir, et ils se retirèrent. Attila regagna le Rhin et la Germanie (451).

12. Invasion des Huns en Italie. Mort d'Attila. Fin de l'empire d'Occident. — L'année suivante, Attila franchit les Alpes et envahit l'Italie. Aquilée fut détruite de fond en comble, et les habitants qui échappèrent à l'épée des barbares s'enfuirent dans les lagunes de l'Adriatique, où ils jetèrent les fondements de Venise. Les autres cités de la vallée du Pô, Milan, Pavie, Vérone, furent ravagées sans pitié ou livrées aux flammes. L'empereur Valentinien se tenait enfermé dans Rome; Attila l'y assiégea. Le pape saint Léon se dévoua pour le salut de tous : il sortit de la ville, revêtu de ses ornements pontificaux, et se pré-

senta avec une noble assurance devant Attila,
osant ainsi affronter la colère de ce terrible conquérant, que les plus puissants rois ses vassaux
n'abordaient qu'en tremblant. L'aspect vénérable
du saint pontife, sa courageuse fermeté et ses
paroles éloquentes touchèrent Attila, qui consentit à s'éloigner, en imposant toutefois un tribut à
Valentinien et menaçant de revenir si l'empereur
ne tenait pas ses engagements. Il ne revint pas.
Un matin, on le trouva mort dans sa tente : un
coup de sang l'avait tué (453).

Depuis la prise de Rome par Genséric, l'empire
d'Occident était menacé d'une ruine prochaine.
Après Valentinien III, assassiné par l'empereur
Maxime, qui périt lui-même lapidé par le peuple,
le Suève Ricimer, chef des barbares à la solde
de l'empire, s'empara de la souveraine puissance ;
il en disposa en faveur de Majorien, brave soldat qui essaya de donner quelque force à l'empire, et que Ricimer fit tuer pour garder le pouvoir. Ensuite plusieurs princes obscurs ne firent
que passer sur le trône. Le dernier de ces princes,
Julius Népos, fut dépossédé par le patrice Oreste,
qui revêtit de la pourpre impériale son fils, enfant de six ans, nommé Romulus, et surnommé
Augustule par dérision. Mais Odoacre, chef des
Hérules et des autres barbares au service de l'empire, se révolta, mit à mort Oreste et relégua Ro-

le pape saint Léon pour sauver Rome ? — Comment
mourut Attila ? — Quels furent les derniers empereurs
de l'empire d'Occident ? — Racontez la chute de cet
empire.

mulus à Lucullanum, en Campanie. Telle fut la fin de l'empire d'Occident. Odoacre resta maître de l'Italie avec le titre de roi (476).

CHAPITRE V.

Dissolution de l'empire d'Attila. Les Ostrogoths. Théodoric leur chef. — Les Ostrogoths envahissent l'Italie. Défaite et mort d'Odoacre. Puissance de Théodoric. — Administration de ce prince. Meurtre de Symmaque et de Boèce. Mort de Théodoric.

13. Dissolution de l'empire d'Attila. Les Ostrogoths. Théodoric leur chef. — L'empire fondé par Attila ne lui survécut pas. Ses fils s'en disputèrent la possession dans des combats sanglants à la suite desquels les Huns, considérablement affaiblis, se retirèrent en Asie, où ils tombèrent dans l'oubli. Les peuples qu'Attila avait tenus sous sa domination s'affranchirent et se dispersèrent. Les Gépides formèrent un État indépendant entre la Theiss et le Dniester. Les Ostrogoths allèrent demander des terres à Marcien, empereur d'Orient, qui leur permit de s'établir dans la Pannonie, à condition qu'ils défendraient les frontières du Danube (455), et leur chef Théodemir donna en otage son jeune fils, pour garantie de ses engagements.

QUESTIONS. — 13. Que devint l'empire d'Attila après la mort de ce prince? — Que firent les peuples qu'il

Cet enfant, nommé Théodoric, fut élevé à la cour de Constantinople. A l'âge de dix-huit ans, il perdit son père. Il fut alors rappelé et reconnu roi par les Ostrogoths. L'empereur Zénon, pour se l'attacher, lui conféra les titres de patrice et de consul. Aussi, lorsque les Ostrogoths voulurent attaquer Constantinople, Théodoric les détourna de cette entreprise et leur proposa une expédition contre l'Italie, où régnait Odoacre avec les Hérules.

14. Les Ostrogoths envahissent l'Italie. Défaite et mort d'Odoacre. Puissance de Théodoric. — Les Ostrogoths accueillirent avec joie la proposition de leur chef, et s'acheminèrent vers l'Occident, au nombre de deux cent mille, emmenant avec eux femmes, enfants, vieillards, et emportant tout ce qu'ils possédaient, tout jusqu'à leurs pierres pour moudre le blé : ce fut une véritable émigration (489). Ils franchirent les Alpes Juliennes malgré les Gépides, qui voulurent leur barrer le passage, et ils vainquirent sur les bords du Sentius les troupes mercenaires d'Odoacre : cette victoire leur valut la conquête de l'Istrie et de la Vénétie. Battu encore à Vérone et près de l'Adige, Odoacre s'enferma dans Ravenne, où il fut assiégé. Après deux ans de résistance, il se rendit à Théodoric sous la promesse de partager avec lui le pouvoir ; mais Théodoric le fit tuer dans

avait soumis ? — Où s'établirent les Ostrogoths ? — Quel était leur chef ? — Quelle entreprise Théodoric proposat-il à ses soldats ? — 14. Racontez le départ des Ostrogoths et leur invasion en Italie. — Racontez la défaite

un festin et resta seul maître de toute l'Italie (493).

Théodoric prit le titre de roi, et, à l'exemple des derniers Césars, fixa sa résidence à Ravenne. Il étendit considérablement sa puissance au dehors, en ajoutant à son royaume d'Italie l'Illyrie, la Pannonie (Hongrie), le Norique (Autriche) et la Rhétie (Tyrol). Les Bavarois lui payaient tribut, et les Allemands implorèrent sa protection contre Clovis. Enfin la plupart des chefs des peuples barbares recherchèrent son alliance, et après la mort d'Alaric, roi des Visigoths, ceux-ci voulurent être gouvernés par Théodoric pendant la minorité d'Amalaric[1], de sorte que les deux grandes familles de la race des Goths se trouvèrent temporairement réunies.

15. Administration de Théodoric. Meurtre de Symmaque et de Boèce. Mort de Théodoric. — Théodoric usa noblement du souverain pouvoir. Il rétablit l'ordre en Italie et sut y maintenir la paix et la sécurité ; il mit tous ses soins à relever les monuments qui tombaient en ruine, à Rome, à Ravenne, à Pavie. Il faisait revivre plusieurs des anciennes formes de l'administration romaine, se montrant plein d'égards pour le sénat, qu'il consultait dans les affaires importantes. Il encourageait l'agriculture, le com-

et la mort d'Odoacre. — Quelles conquêtes fit Théodoric quand il fut seul maître de l'Italie ? — 15. Donnez quelques détails sur l'administration de Théodoric. — Que

1. Fils d'Alaric II.

merce, les arts, et sa cour rivalisait en magnificence avec celle de Constantinople.

Quoiqu'il fût arien[1], Théodoric respecta et protégea la religion catholique. Il ne savait pas écrire, mais il avait le goût des belles-lettres et il attira auprès de lui les hommes les plus distingués par leur savoir, entre autres le consul Boèce, illustre philosophe, l'évêque Ennodius, Cassiodore, homme d'État et écrivain remarquable. Malheureusement, dans les dernières années de sa vie, il devint soupçonneux et cruel. Boèce et son beau-père Symmaque, préfet de Rome, injustement accusés de haute trahison, furent jetés en prison, torturés et mis à mort. Peu de temps après, Théodoric reconnut leur innocence, et il éprouva les plus violents remords. On dit qu'il croyait voir sans cesse l'ombre menaçante de ses deux victimes, et que ces sombres visions, en troublant sa raison, hâtèrent la fin de ses jours (526).

fit-il pour les lettres et pour les arts? — Pourquoi fit-il périr Boèce et Symmaque? — Comment mourut-il?

1. On désignait ainsi les partisans d'Arius, hérésiarque qui niait la divinité de Jésus-Christ.

CHAPITRE VI.

Les Francs [1]. Leur établissement en Gaule. Leurs premiers chefs. — Clovis, ses premières victoires, sa conversion. Conquête de la Gaule. — Les fils de Clovis, Clotaire Ier seul roi. Les fils de Clotaire Ier; l'Austrasie et la Neustrie. Clotaire II.

16. Les Francs. Leur établissement en Gaule. Leurs premiers chefs. — Les Francs étaient une confédération de tribus distinctes, appartenant toutes à la race germanique, et parmi lesquelles on distinguait les Sicambres, les Chérusques, les Bructères, les Saliens [2], les Ripuaires [3].

Depuis le milieu du troisième siècle, ils avaient souvent attaqué les frontières romaines et fait des incursions dans la Gaule Belgique, où ils réussirent à se fixer après la grande invasion des barbares. Ils étaient passionnés pour les combats, et c'est par une cérémonie particulière qu'ils reconnaissaient comme chef ou roi celui qui était jugé digne de les commander : debout sur un

QUESTIONS. — 16. Qu'étaient-ce que les Francs ? — Quelles étaient leurs principales tribus ? — A quelle

1. L'histoire de France étant racontée avec détails dans un volume spécial, nous nous bornerons à mentionner ici les faits qui se rapportent à l'histoire des autres peuples.
2. Ainsi nommés parce qu'ils habitèrent longtemps sur les bords de la Saale, un des affluents de l'Elbe.
3. Ainsi nommés d'un mot latin qui signifie *rive*; ils étaient établis sur les rives du Weser et du Rhin.

pavois ou grand bouclier que quatre guerriers soutenaient sur leurs épaules, il était porté dans les rangs des soldats, qui l'acclamaient en agitant leurs framées[1]. Une longue chevelure était le signe distinctif de sa dignité : aussi le nom de *chevelus* est-il souvent donné aux rois francs de la première race.

Les historiens les plus dignes de foi ne font aucune mention de Pharamond, qui aurait été, vers 420, le premier chef ou roi de la tribu des Francs Saliens. Clodion, qui commandait cette même tribu en 428, prit la ville de Tournay, où il établit sa résidence, et s'avança jusqu'à la Somme ; mais, battu par Aétius, il se retira derrière la Meuse. Après lui (448), les Saliens élevèrent sur le pavois son parent Mérovée[2], qui combattit avec Aétius dans les plaines de Châlons ; puis le fils de Mérovée, Childéric, qui eut lui-même pour successeur son fils Clovis (481).

17. Clovis. Ses premières victoires. Sa conversion. Conquête de la Gaule. — Clovis est le véritable fondateur de la monarchie des Francs. A l'âge de vingt ans et maître de la seule ville de Tournay[3], il entreprit la conquête de la Gaule.

époque réussirent-ils à se fixer dans la Gaule ? — Comment reconnaissaient-ils le chef qu'ils jugeaient digne de les commander ? — Quels furent leurs premiers chefs ? — 17. Quelle était la situation de la Gaule lorsque Clovis

1. Sorte de lance.
2. Il a donné son nom aux rois francs de la première race, appelés Mérovingiens.
3. Il y avait aussi des rois francs établis avec leur tribu à Cologne, à Thérouanne, à Cambrai, au Mans.

Quatre dominations se partageaient alors le territoire de cette contrée : entre la **Somme** et la **Loire**, les **Romains**, gouvernés par **Syagrius**; entre la **Loire** et les **Pyrénées**, les **Visigoths**; entre le **Rhône** et les **Alpes**, les **Bourguignons**; à l'ouest de la **Seine**, le long des côtes de l'Océan, les cités **Armoricaines**[1], libres sous des chefs indigènes.

Clovis attaqua d'abord les possessions romaines et en resta maître après avoir vaincu Syagrius près de Soissons (486). Les Allemands ayant envahi le territoire des Francs Ripuaires, Clovis accourut au secours de ces derniers, joignit les ennemis près de Tolbiac[2], les battit et les rejeta au delà du Rhin (496). C'est au retour de cette expédition qu'il embrassa la religion chrétienne, que professait Clotilde, son épouse; il se fit baptiser avec la plupart de ses guerriers. Clovis se trouvait alors le seul prince qui fût catholique selon la doctrine de Jésus-Christ, et sa conversion lui concilia toutes les sympathies du clergé gaulois, opprimé par les Bourguignons et les Visigoths, qui étaient tous ariens. C'est contre ces peuples que Clovis tourna ensuite ses armes. Gondebaud, roi des Bourguignons, battu près de

devint le chef des Francs Saliens? — Quelle conquête Clovis fit-il d'abord? — Où vainquit-il les Allemands? — Racontez la conversion de Clovis. — A quels peuples fit-il ensuite la guerre? — Quel fut le sort du roi des

1. Toute cette partie du territoire gaulois qui forme aujourd'hui la Bretagne s'appelait alors Armorique.
2. Aujourd'hui Zulpich, près de Cologne.

Dijon, put conserver sa couronne, en se sou-mettant à payer tribut; il se fit chrétien. Les Visigoths furent plus maltraités : la bataille de Vouillé, dans laquelle leur roi, Alaric II, fut vaincu et tué (507), leur fit perdre l'Aquitaine et tout le pays qu'ils occupaient, à l'exception de la Septimanie (ancienne Narbonnaise). Clovis voulut aussi réunir sous son autorité les diverses tribus franques, et pour se défaire des rois de ces tribus il employa la perfidie et la cruauté, désho-norant ainsi la gloire de son règne. Il mourut à Paris, dont il avait fait sa capitale (511).

18. Les fils de Clovis. Clotaire Ier seul roi. Les fils de Clotaire Ier; l'Austrasie et la Neus-trie. Clotaire II. — Suivant la coutume usitée chez les peuples de race germanique, les fils de Clovis se partagèrent l'héritage paternel. Thierry, l'aîné, fut roi de Metz; Childebert, de Paris; Clotaire, de Soissons, et Clodomir, d'Or-léans. Occupés sans cesse à se dépouiller et à se détruire, ces princes ne furent momentanément unis que pour continuer l'œuvre de leur père et étendre par de nouvelles conquêtes la domina-tion franque. Pendant que Thierry soumettait la Thuringe (Haute-Saxe), ses frères attaquaient la Bourgogne et s'en rendaient maîtres (534). Clo-domir étant mort dans cette expédition, Clotaire et Childebert tuèrent ses deux fils pour s'emparer

Visigoths? — Comment Clovis se débarrassa-t-il des rois des autres tribus franques? — 18. Comment fut partagé l'héritage de Clovis? — L'union régna-t-elle entre ces princes?— Comment Clotaire resta-t-il seul roi? — Que

de l'héritage de ces enfants. Clotaire resta seul roi en 558 et mourut trois ans après. Ses quatre fils, Chilpéric, Sigebert, Gontran et Caribert, se partagèrent le royaume comme avaient déjà fait les fils de Clovis. Caribert étant mort en 567, les quatre royaumes furent réduits à trois : Sigebert fut roi d'Austrasie (pays de l'Est), avec Metz pour capitale ; Chilpéric, roi de Neustrie (pays de l'Ouest), avec Paris pour capitale, et Gontran, roi de Bourgogne. Sigebert et Chilpéric avaient épousé le premier Brunehaut et le second Galswinthe, toutes deux filles d'Athanagild, roi des Visigoths d'Espagne. Chilpéric ayant fait périr Galswinthe, pour épouser Frédégonde, femme aussi ambitieuse que cruelle. Brunehaut, excita son époux à venger la mort de sa sœur, et alors éclata entre l'Austrasie et la Neustrie une guerre qui fut signalée par les crimes les plus affreux. Chilpéric était sur le point de succomber dans cette lutte, lorsque Sigebert périt assassiné par des émissaires de Frédégonde. Puis cette reine homicide, voulant gouverner seule sons le nom de son jeune fils Clotaire II, fit tuer son époux Chilpéric, poursuivit la guerre contre l'Austrasie, et mourut après un dernier triomphe sur ses ennemis. Brunehaut, non moins criminelle que sa rivale, eut une fin plus malheureuse : les leudes ou grands

firent ses fils? — Racontez la guerre entre Sigebert et Chilpéric, ou la lutte de l'Austrasie et de la Neustrie. — Quels crimes commit Frédégonde ? —Quel fut le sort de Brunehaut ? — Quel prince resta seul maître de la monarchie des Francs ?

de l'Austrasie, qui la détestaient à cause de son despotisme, la livrèrent à Clotaire, qui la fit attacher à la queue d'un cheval indompté. La mort de cette reine et celle de ses deux petits-fils laissèrent Clotaire II seul maître de toute la monarchie des Francs (615).

CHAPITRE VII.

Grande-Bretagne. Invasion des Saxons et des Angles. Fondation de sept royaumes. L'Heptarchie. — *Italie.* Successeurs de Théodoric. Vitigès; Totila. Les Goths abandonnent l'Italie. —Invasion des Lombards en Italie. Alboin, leur roi. Ses successeurs.

19. Grande-Bretagne. Invasion des Saxons et des Angles. Fondation de sept royaumes. L'Heptarchie. — Les légions romaines qui se trouvaient dans l'île des Bretons (Grande-Bretagne) en avaient été rappelées au moment où l'empire était envahi par les barbares. Cette île était alors partagée entre deux grandes populations, les Calédoniens (Pictes et Scots) au nord, les Bretons (Logriens et Cambriens) au centre et au sud.

Les Calédoniens, qui n'avaient jamais subi la domination romaine, faisaient de fréquentes incursions sur les terres de leurs voisins; ils les renouvelèrent avec plus d'audace et de succès après le départ des légions romaines. Les Bretons,

QUESTIONS. — 19. Quels étaient les peuples qui habitaient la Grande-Bretagne? — Pourquoi les Bretons ap-

se voyant sur le point de succomber dans cette lutte, appelèrent à leur secours les Saxons, peuples qui habitaient aux environs de l'embouchure de l'Elbe[1] et qui s'étaient rendus les plus redoutables pirates des mers du Nord. Les Saxons s'empressèrent de répondre à cet appel; ils marchèrent contre les Pictes et les battirent. Mais bientôt ils cherchèrent querelle aux Bretons, leur firent la guerre, et, devenus maîtres d'une grande partie de la contrée, ils y formèrent les quatre royaumes de Kent, de Sussex (Saxe du Sud), de Wessex (Saxe de l'Ouest) et d'Essex (Saxe de l'Est).

Les Angles, qui habitaient dans la Germanie le pays appelé aujourd'hui Jutland, excités par les succès des Saxons, émigrèrent à leur tour pour s'établir dans la Grande-Bretagne. Ils conquirent tout le nord de la contrée jusqu'aux frontières des Scots et fondèrent les royaumes de Northumberland, d'Est-Anglie et de Mercie. Les Bretons qui, dans cette double invasion, avaient échappé à la mort ou à l'esclavage se réfugièrent dans le pays de Galles, dont ils défendirent long-temps l'indépendance, ou en Gaule, dans l'Armorique, qui prit d'eux le nom de Bretagne. Les sept royaumes anglo-saxons ont été désignés sous le nom d'*Heptarchie*.

pelèrent-ils à leur secours les Saxons? — Ceux-ci se bornèrent-ils à délivrer les Bretons? — Quels royaumes fondèrent-ils? — Combien de royaumes furent fondés

1. Fleuve de l'Allemagne, qui se jette dans la mer du Nord.

20. Italie. Successeurs de Théodoric. Vitigès ; Totila. Les Goths abandonnent l'Italie. — Après Théodoric, le royaume goth qu'il avait fondé déclina rapidement. Son petit-fils Atalaric, qui lui succéda sous la conduite de sa mère Amalasunthe, mourut jeune, et alors cette princesse engagea les Goths à élire son cousin Théodat, espérant partager avec lui la souveraine puissance. Mais le cruel Théodat la fit tuer pour régner seul. Sous prétexte de venger ce meurtre, l'empereur d'Orient, Justinien, qui avait la pensée de reconquérir l'Italie, déclara la guerre à Théodat et confia le commandement de ses troupes à Bélisaire, le plus illustre général de l'empire. Bélisaire soumit rapidement la Sicile et se rendit maître de Naples et de Rome. Pendant ce temps, le lâche Théodat négociait secrètement sa soumission. Les Goths indignés le remplacèrent par Vitigès, qui, après avoir lutté pendant quatre ans contre son redoutable adversaire, fut assiégé dans Ravenne, fait prisonnier et conduit à Constantinople. En même temps, Bélisaire, calomnié par les courtisans jaloux de sa gloire, était rappelé. Son absence ranima le courage des Goths ; commandés par le vaillant Totila, leur nouveau roi, ils reconquirent tout ce qu'ils avaient perdu. Bélisaire, envoyé de nouveau en Italie, mais privé de tout secours, ne put que sauver Rome ; il demanda son rappel. Il fut rem-

par les Angles ? — 20. Quels furent les premiers successeurs de Théodoric en Italie ? — Sous quel prétexte Justinien déclara-t-il la guerre à Théodat ? — Racontez la

2.

placé par Narsès, qui, grâce à la faveur dont il jouissait à la cour, put disposer de grandes ressources ; du reste, il se montra habile général. Il gagna une grande bataille dans laquelle périt Totila. Les Goths, découragés, renoncèrent à l'Italie et allèrent s'établir au delà des Alpes (554).

L'Italie, délivrée des barbares, devint province impériale. Narsès la gouverna pendant quatorze ans et sut y maintenir l'ordre et la paix. Toutefois, sa cupidité ayant excité des plaintes, il fut disgracié d'une manière insultante. Il n'écouta que son ressentiment et appela les Lombards en Italie.

21. Invasion des Lombards en Italie. Alboin, leur roi. Ses successeurs. — Les Lombards, peuple barbare de la Germanie, obéissaient alors à un chef nommé Alboin, qui avait récemment détruit, sur les bords du Danube, le royaume des Gépides et tué de sa main leur roi Cunimond ; Rosamonde, la fille de ce malheureux prince, trouvée parmi les captives, avait été contrainte d'épouser le meurtrier de son père. Les Lombards, auxquels se joignirent d'autres barbares, s'empressèrent de répondre à l'appel de Narsès. Après avoir franchi les Alpes Juliennes, ils se répandirent, comme un torrent dévastateur, dans la vallée du Pô. Alboin, proclamé roi à Milan par ses soldats, assiégea et prit

conquête de l'Italie par Bélisaire et Narsès. — Pourquoi ce dernier appela-t-il les Lombards en Italie ?— **21.** Donnez quelques détails sur les Lombards et sur leur chef

Pavie, dont il fit sa capitale (573). Toute l'Italie septentrionale se soumit au vainqueur, qui partagea les terres en duchés dont il donna le commandement à ses principaux compagnons. Mais Alboin jouit peu de son triomphe. Un jour, au milieu d'un festin, égaré par l'ivresse, il força Rosamonde à boire dans le crâne de son père, horrible trophée dont il se servait comme d'une coupe. Rosamonde, pour se venger, le fit assassiner par deux de ses gardes.

Les successeurs d'Alboin étendirent sa conquête. Le roi Autharis pénétra en vainqueur jusqu'à Rhégium, à la pointe méridionale de l'Italie, de sorte que les empereurs d'Orient ne conservèrent plus que l'exarchat de Ravenne, la Pentapole et les duchés de Rome et de Naples (590). Les Lombards étaient ariens : le roi Agilulfe et sa femme, la vertueuse Théodelinde, secondés par le pape saint Grégoire, ramenèrent ce peuple à la foi catholique (602). Dans le siècle suivant, Luitprand, le plus célèbre des rois lombards, accrut la puissance de ses États en s'emparant d'une partie de l'exarchat de Ravenne. En même temps, les habitants de Rome secouaient le joug des empereurs d'Orient et reconnaissaient le pape pour leur souverain temporel (729). Les successeurs de Luitprand, par d'injustes agressions contre Rome, hâtèrent la fin de leur domination en Italie ; la monarchie lombarde devait

Alboin. — De quelle partie de l'Italie Alboin s'emparat-il ? — De quelle ville fit-il sa capitale ? — Comment périt-il ? — Que firent ses successeurs ?

bientôt s'écrouler sous les coups des rois carlovingiens Pépin et Charlemagne.

CHAPITRE VIII.

Empire d'Orient. Premiers successeurs d'Arcadius. Justinien. Bélisaire; conquête de l'Afrique et de l'Italie — Guerres contre les Perses et les Bulgares. Disgrâce de Bélisaire. Code Justinien. — Tibère II; Maurice et Phocas. Héraclius, ses victoires sur les Perses; apparition des Arabes.

22. Empire d'Orient. Premiers successeurs d'Arcadius. Justinien. Bélisaire; conquête de l'Afrique et de l'Italie. — L'empire d'Orient, appelé aussi l'empire Grec, avait échappé à la destinée de l'empire d'Occident; mais les humiliations et les revers ne devaient pas lui être épargnés, et son existence ne se prolongea que dans la honte et la misère. A l'exception de Marcien (451), qui par sa fière assurance imposa au terrible Attila, les successeurs du faible Arcadius jusqu'à Justinien furent des princes efféminés qui ne prenaient nul souci des affaires publiques. A Constantinople, comme à Rome, le peuple était passionné pour les jeux du cirque : dans une vaste enceinte, appelée hippodrome et magnifiquement décorée, avaient lieu les courses de chars; les hommes qui se disputaient les prix étaient distingués par la couleur de leurs

QUESTIONS. — **22.** Quels furent les premiers successeurs d'Arcadius? — De quoi le peuple s'occupait-il à

vêtements. Les *bleus* et les *verts* avaient surtout de nombreux partisans, et l'empereur lui-même favorisait les uns ou les autres. De là se formèrent des factions ennemies dont les rivalités dégénérèrent souvent en luttes sanglantes.

Avec Justinien (527), neveu et successeur de Justin Ier, l'empire se releva. La guerre contre les Perses, commencée sous le règne précédent, fut continuée avec succès. Puis Justinien forma le projet de reconquérir les principales provinces de l'empire d'Occident qui étaient au pouvoir des barbares. Pour exécuter ses desseins, il avait à son service Bélisaire, dont les talents comme général peuvent être comparés à ceux des plus illustres capitaines de l'ancienne Rome. Envoyé d'abord en Afrique, dont les Vandales étaient restés les maîtres, Bélisaire s'empara de Carthage et gagna la bataille de Tricaméron, qui lui donna toute la province (534). Le roi des Vandales, Gélimer, fait prisonnier et conduit à Constantinople, ne dit que ces mots à Justinien : «Vanité des vanités : tout n'est que vanité. » Vint ensuite la guerre contre les Goths, qui a été déjà racontée (chap. VII). Cette guerre, glorieusement commencée par Bélisaire et heureusement achevée par Narsès, replaça temporairement l'Italie sous la domination de l'empire Grec.

23. Guerres contre les Perses et les Bulgares. Disgrâce de Bélisaire. Code Justinien. — En Orient, la guerre avec les Perses s'étant rallumée, leur roi

Chosroès envahit la Syrie et saccagea la ville d'Antioche; Bélisaire le força de battre en retraite. Toutefois, les hostilités se prolongèrent durant plusieurs années; un traité y mit fin en 562 : Chosroès permettait aux chrétiens de la Perse la liberté de leur culte, et Justinien payait 30,000 pièces d'or. D'un autre côté, les Bulgares, peuple de race scythique, avaient franchi le Danube, ravagé la Thrace, et s'étaient avancés jusqu'aux environs de Constantinople. Ce fut encore Bélisaire qui conjura ce nouveau péril. Manquant de soldats, il prit les chevaux de l'hippodrome pour former une cavalerie, arma les citoyens, et conduisit avec tant de vigueur et d'habileté ces troupes improvisées, qu'il rejeta les Bulgares au delà du Danube.

Les glorieux services de Bélisaire ne le mirent pas à l'abri de l'ingratitude. Faussement accusé d'avoir conspiré contre l'empereur, il fut dépouillé de tous ses biens et exilé[1]. Toutefois son innocence fut reconnue, et on lui rendit ce qu'il avait perdu. Il mourut quelques mois après sa disgrâce, et Justinien ne lui survécut que peu de temps (565).

Ce qui fait la gloire propre de Justinien, ce

les principaux événements de la guerre contre les Perses et contre les Bulgares? — Pourquoi Bélisaire fut-il disgracié? — Que raconte-t-on à ce sujet? — Quelle est la gloire propre de Justinien? — Quels monuments sont

1. Une légende populaire raconte qu'on lui creva les yeux par ordre de Justinien, et que, conduit par un enfant, il mendiait son pain dans les rues de Constantinople.

nt les grands travaux législatifs qui portent son
m, et dont il confia la direction au savant juris-
ulte Tribonien. Les divers monuments de
jurisprudence romaine recueillis et mis en
dre formèrent des parties ou collections dis-
nctes connues sous les noms de *Code*, *Insti-*
tutes, *Pandectes* ou *Digeste*. C'est dans ces
livres qu'on étudie encore aujourd'hui la science
du droit romain. Parmi les nombreuses construc-
tions qui sont dues à Justinien, il faut surtout
mentionner la magnifique église de Sainte-Sophie,
à Constantinople. Enfin, c'est sous le règne de ce
prince que deux moines apportèrent de la Chine,
dans des cannes creuses, des cocons de vers à
soie, et dotèrent ainsi l'Europe d'une précieuse
industrie.

24. Tibère II. Maurice et Phocas. Héraclius, ses victoires sur les Perses; apparition des Arabes. —
Justin II (565), neveu de Justinien, avait de bonnes
intentions, mais il manquait d'énergie. Pour
résister aux Perses, qui avaient de nouveau
envahi la Syrie, il associa au souverain pouvoir
le capitaine de ses gardes, Tibère, qui lui succéda
en 578 et se montra digne de sa haute fortune.
Il vainquit les Perses et repoussa les Avares[1], qui
menaçaient la frontière du Danube. Maurice,

dues à ce prince? — Quelle nouvelle industrie fut ap-
portée en Europe? — 24. Racontez les faits les plus importants des règnes de Tibère II, de Maurice et de Pho-

1. Ce peuple, venu de l'Asie à la suite des Huns, s'était
établi dans la Dacie (Hongrie).

général ferme et courageux, fut choisi par Tibère
comme le plus digne de lui succéder (582). Les
Avares furent battus plusieurs fois. Mais l'empereur ayant voulu réformer la discipline, l'armée
se révolta et prit pour chef un obscur officier
nommé Phocas. Maurice fut massacré avec toute
sa famille. Phocas, qui le remplaça, se rendit
bientôt odieux à tous par ses horribles cruautés.
Héraclius, gouverneur de l'Afrique, renversa le
tyran et fut proclamé empereur.

Le règne d'Héraclius, qui dura trente et un ans
(610-641), fut marqué tour à tour par de glorieux
succès et d'humiliants revers. Le roi de Perse,
Chosroès II, envahit la Syrie, prit Antioche,
Damas, Jérusalem, qu'il livra au pillage et aux
flammes et d'où il emporta le bois de la vraie
croix. Un de ses lieutenants envahissait l'Égypte,
s'emparait d'Alexandrie, et les Perses, traversant
sans obstacle toute l'Asie Mineure, venaient s'établir à Chalcédoine, en face même de Constantinople. D'un autre côté, les Avares ravageaient
impunément les provinces septentrionales. Réduit, pour ainsi dire, aux murs de sa capitale,
Héraclius voulait transporter le siége de l'empire
à Carthage; mais le patriarche de Constantinople
s'y opposa et mit à la disposition de l'empereur
tous les biens du clergé. Héraclius attaqua hardi-
ment les Perses dans l'Asie Mineure et les vainquit
à Issus; puis, pénétrant dans la Médie, il força
Chosroès à venir défendre ses propres États. Les

cas. — Par quels revers les premières années du règne
d'Héraclius furent-elles marquées? — Racontez ses vic-

Avares s'étaient approchés de Constantinople ; ils furent exterminés. Vainqueur encore à Mossoul, Héraclius dicta la paix au roi Siroès, qui venait de détrôner son père Chosroès. Il recouvra, avec toutes les frontières de l'empire, le bois de la vraie croix, qui orna son triomphe et qu'il replaça lui-même à Jérusalem (628).

Dix ans après, un peuple sorti des déserts de l'Arabie enlevait coup sur coup à l'empire Grec la Syrie et l'Égypte [1], et le règne d'Héraclius, commencé par des revers, finissait par des revers plus tristes encore.

CHAPITRE IX.

L'Arabie et ses habitants. Mahomet ; ses prédications ; l'Islam. — Lutte de Mahomet contre les Koréischites ; l'hégire. Prise de la Mecque. — Les ambassades. Mort de Mahomet. Le Coran.

25. L'Arabie et ses habitants. Mahomet ; ses prédications ; l'Islam. — L'Arabie, contrée de l'Asie, est une grande presqu'île située entre la Perse, la Syrie et l'Égypte. Elle était anciennement divisée en trois parties : au nord, l'Arabie

toires sur les Perses. — Comment finit le règne d'Héraclius ?

QUESTIONS. — 25. Où est située l'Arabie ? — Comment était-elle anciennement divisée ? — Quels étaient ses ha-

1. Voir le chapitre X.

2. *Hist. Moyen âge.*   3

pétrée, qui doit son nom à son sol de pierres et de rochers, et où se trouvait la Mecque, ville importante : au centre, l'Arabie déserte, immense plaine sablonneuse, où souffle un vent brûlant appelé *simoun* ; au sud, l'Arabie heureuse, riche et beau pays qui produit le café, l'encens et des aromates précieux. Les habitants de l'Arabie formaient de nombreuses tribus qui obéissaient à un chef nommé *cheik* ou *émir :* les uns, les Arabes sédentaires, s'adonnaient à l'agriculture et au commerce; les autres, les Arabes nomades, parcouraient le désert, vivant le plus souvent de rapines et de brigandages.

L'Arabie était alors livrée à l'idolâtrie. Mahomet, qui devait fonder par la force des armes une religion nouvelle, naquit à la Mecque en 570, dans une des plus illustres familles. A cinq ans, resté orphelin et pauvre, il fut recueilli par son oncle Abou-Taleb, qui prit soin de lui. A l'âge de quatorze ans, il se fit conducteur de chameaux, voyageant avec les caravanes qui faisaient le commerce. Il entra ensuite au service d'une riche veuve, nommée Kadijah, qui lui confia le soin de ses affaires, et il s'en acquitta avec tant de zèle et de probité, qu'elle l'épousa. Il avait alors vingt-cinq ans. N'ayant plus aucun souci du côté de la fortune, il vécut durant quinze ans dans une profonde retraite pour y méditer à loisir ses desseins.

bitants ? — Où et à quelle époque naquit Mahomet ? — Que fit-il jusqu'à vingt-cinq ans ? — A quel âge commença-

Ce ne fut qu'à l'âge de quarante ans que Mahomet commença ses prédications. Il exposa d'abord sa doctrine à Kadijah sa femme, au jeune Ali son cousin, à son esclave Saïd et au riche Abou-Bekre, prétendant que Dieu lui avait intimé ses ordres par la bouche de l'ange Gabriel, qui lui avait remis un livre intitulé *Islam*, c'est-à-dire *résignation à la volonté de Dieu*. C'est de là que le nom d'*Islamisme* fut donné à sa religion.

26. Lutte de Mahomet contre les Koréischites; l'hégire. Prise de la Mecque. — Les Koréischites, une des plus puissantes tribus arabes, alarmés des progrès que faisait la doctrine de Mahomet, le persécutèrent et voulurent l'empêcher d'aller à la Caaba, temple célèbre de la Mecque. Il ne persista pas moins, malgré les menaces de mort, à prêcher dans le grand marché de cette ville. Un jour que six pèlerins de la ville d'Yatreb se rendaient à la Caaba, il leur parla avec une éloquence si pénétrante que, rentrés chez eux, ils s'empressèrent de faire à leurs concitoyens le récit de leur voyage, et ceux-ci émerveillés vinrent offrir au prophète un asile dans leur ville. Mahomet accepta avec reconnaissance, et saisit cette occasion pour se soustraire aux poursuites de ses ennemis : les habitants d'Yatreb, enthousiasmés de leur nouvel hôte, changèrent

t-il ses prédications? — Quel nom donna-t-il à la religion qu'il voulait fonder? — 26. Par qui Mahomet fut-il persécuté? — Dans quelle ville se réfugia-t-il? — En quoi

en son honneur le nom de leur ville, qui dès ce moment prit le nom de *Médina-al-Nabi,* ville du prophète (Médine). Dès lors aussi, ses sectateurs prirent le nom de *musulmans,* qui veut dire hommes résignés à la volonté de Dieu, ou croyants.

L'année (622) où Mahomet s'enfuit de la Mecque a été appelée l'année de l'*hégire* ou de la fuite : c'est l'ère des mahométans, c'est-à-dire l'époque à partir de laquelle ils datent leurs années. Maître de Médine, Mahomet, qui se disait l'apôtre et le prophète de Dieu, poursuivit ses conversions les armes à la main. Il essuya d'abord quelques défaites, mais il eut l'adresse ou le bonheur de convertir trois personnages considérables de la tribu des Koréischites, Khaled, Amrou et Othman. Une première bataille, où quelques milliers d'Arabes mirent en fuite une armée grecque, lui ouvrit les portes de la Mecque. Trois cents statues d'idoles entouraient la Caaba ; il les fit renverser, et bientôt toute l'Arabie se soumit, de gré ou de force, à la loi du réformateur.

27. Les ambassades. Mort de Mahomet. Le Coran. — Les succès de Mahomet portèrent sa renommée au dehors. Il reçut à Médine (631) les ambassadeurs des princes étrangers qui sollicitaient son amitié. L'empereur d'Orient lui-même, Héra-

l'année de cette fuite est-elle remarquable ? — De quelle ville Mahomet s'empara-t-il ? — 27. Quels furent les rapports de Mahomet avec les princes étrangers ? — Ra-

clius, lui envoya des présents. Le roi de Perse, Chosroès, déchira les lettres que Mahomet lui écrivait. « Qu'ainsi son royaume soit déchiré, » dit le prophète.

Mahomet songeait à porter ses armes en Syrie, mais il tomba gravement malade pendant qu'il revenait de la Mecque à Médine. Sentant que sa fin était prochaine, il chargea Abou-Bekre, le père d'Aiescha, sa seconde femme, de faire désormais la prière à sa place; il se fit transporter à la mosquée, qui était le temple des musulmans, adressa ses adieux au peuple, ordonna de l'étendre sur un tapis, et il expira le 8 juin 632, à l'âge de soixante-deux ans, sans désigner son successeur. Les suffrages unanimes des chefs déférèrent l'autorité suprême à Abou-Bekre, qui prit le titre de khalife ou vicaire.

Mahomet, comme nous l'avons dit plus haut, prétendait avoir reçu des mains de l'ange Gabriel le livre de l'Islam : ce livre porte aussi celui de *Coran* ou *Alcoran*, qui signifie lecture. La mort ne lui avait pas laissé le temps de le rédiger par chapitres. Ce fut Abou-Bekre qui s'en chargea, la treizième année de l'hégire. Le Coran est un mélange confus de dogmes et de prescriptions empruntées en partie à la religion judaïque et à la religion chrétienne. Il admet l'immortalité de l'âme, la résurrection, une vie future; aux mé-

contez sa mort. — Donnez quelques détails sur le Coran. — Par quels moyens la religion de Mahomet se propagea-t-elle ?

chants sont réservés les supplices de l'enfer; aux vrais croyants est promis un paradis sensuel, un séjour de délices, où ils trouveront de frais ombrages, des fontaines limpides, des palais de marbre, d'or et de pierres précieuses, des tapis de soie et sans cesse de joyeux festins.

La religion chrétienne s'était établie en prêchant l'humilité, la douceur, l'amour de Dieu et du prochain. La religion de Mahomet, fondée par la violence, ne devait aussi se propager que par la violence et le fanatisme.

CHAPITRE X.

Abou-Bekre, khalife. Conquête de la Syrie. Prise de Jérusalem. Le khalife Omar. — Conquête de l'Égypte; siége d'Alexandrie. Conquête de la Perse. — Les khalifes Othman et Ali. Dissensions. Meurtre d'Ali.

28. Abou-Bekre, khalife. Conquête de la Syrie. Prise de Jerusalem. Le khalife Omar. — L'avénement d'Abou-Bekre au khalifat n'eut pas lieu sans éprouver une vive opposition. Les tribus arabes furent sur le point de se séparer. Mais un des lieutenants de Mahomet, l'intrépide et farouche Omar, tira son cimeterre et menaça de mort ceux qui oseraient résister. Ali, qui avait

QUESTIONS. — 28. Qui succéda à Mahomet? — Comment les séditions furent-elles apaisées? — Racontez la

d'abord refusé de reconnaître le khalife, finit par se soumettre, et Khaled, surnommé le *Glaive de Dieu*, maintint dans l'obéissance les tribus qui voulaient rendre à l'Arabie son ancien gouvernement. Dès lors Abou-Bekre put commencer la *guerre sainte*. Quand il eut rassemblé l'armée qu'il envoyait contre la Syrie, il dit aux chefs : « Respectez les femmes, les enfants, les palmiers, les champs de blé, les arbres fruitiers; respectez vos traités. Mais soyez sans pitié pour tous ceux qui refuseront de se soumettre à la loi du Coran. »

Abou-Obéidah, lieutenant d'Abou-Bekre, et Khaled signalèrent leur entrée en Syrie par la prise de Bostra, qui était la clef de cette province. La trahison leur en ouvrit les portes. De là ils allèrent assiéger Damas, qui se défendit avec vigueur. L'empereur grec Héraclius envoya au secours de la ville une armée de cinquante mille hommes. Khaled marcha à leur rencontre, les atteignit près d'Aiznadin, et, après une lutte sanglante, les contraignit de prendre la fuite. Damas résista encore deux mois ; mais cette ville finit par capituler, et il ne fallut pas moins que toute l'autorité d'Abou-Obéidah pour empêcher le cruel Khaled de massacrer les habitants (633). Abou-Bekre mourut l'année suivante; Omar lui succéda, et la guerre se poursuivit avec la même énergie. La chute de Damas entraîna la prise de plusieurs autres villes et de toute la Célé-

conquête de la Syrie. — Comment les habitants de Jérusalem furent-ils traités? — 29. Racontez la conquête de

Syrie ou Syrie Creuse, Syrie des vallées. L'empereur Héraclius essaya encore une fois de repousser les envahisseurs. Il avait pris à sa solde soixante mille Arabes chrétiens, qui furent incorporés dans les rangs de l'armée grecque, croyant assurer ainsi le succès de ses armes. La bataille s'engagea sur les bords de l'Yermouk, près du lac de Tibériade, et elle dura trois jours: les Grecs furent encore vaincus (636). De là Khaled alla assiéger Jérusalem. Les habitants, animés par les exhortations et l'exemple de leur patriarche Sophronius, soutinrent avec la vigueur du désespoir quatre assauts successifs, et Omar, plus humain que Khaled, respecta leur courage et leur accorda une capitulation honorable. Il leur laissa la possession de tous leurs biens, à condition qu'ils payeraient un tribut annuel, et ils purent aussi conserver le libre exercice de leur religion. Antioche, Alep, Tyr, Césarée, tombèrent au pouvoir du vainqueur, et la Syrie entière fut à jamais perdue pour l'empire Grec.

29. Conquête de l'Egypte ; siége d'Alexandrie. Conquête de la Perse. — Amrou, autre général d'Abou-Bekre, avait été chargé de conquérir l'Égypte. Maître de Péluse et de Memphis sans coup férir, il assiégea Alexandrie, qui fut prise d'assaut après quatorze mois de résistance et livrée au pillage. On raconte, mais sans preuves, que le khalife Omar ordonna de brûler la riche

l'Egypte. — Par qui fut entreprise la conquête de la Perse ? — Quels furent les principaux faits de cette con-

bibliothèque fondée par les rois Ptolémées, et que les livres qu'elle renfermait servirent à chauffer pendant six mois les bains publics. La prise d'Alexandrie entraîna la soumission de toute l'Égypte (640).

Pendant que Khaled et Amrou enlevaient à l'empire Grec la Syrie et l'Égypte, Saïd attaquait la Perse avec trente mille Arabes. Le grand empire des Perses était tombé dans une profonde décadence. Depuis Chosroès II, sept usurpateurs s'étaient succédé sur le trône dans l'espace de quatre années, lorsque la couronne fut rendue à l'héritier légitime, Iesdegerd III, enfant de douze ans. Rustan, vizir ou premier ministre du jeune roi, livra à Saïd, près de Kadésiah, une grande bataille qui dura trois jours (636). Rustan fut tué et les Perses prirent la fuite. Iesdegerd, qui s'était réfugié en Médie, leva une nouvelle armée. Saïd alla à sa rencontre et gagna sur lui deux batailles, la première à Djalula, la seconde à Néhavend, et celle-ci fut si décisive que les Arabes l'appelèrent la *victoire des victoires* (642). Le malheureux Iesdegerd alla implorer le secours de l'empereur de la Chine; il périt assassiné sur les bords de l'Oxus par les Tartares qui avaient promis de le défendre (652). Les Arabes, maîtres de toute la Perse, fondèrent au confluent du Tigre et de l'Euphrate la ville de Bassorah, qui devint l'entrepôt du commerce de l'Inde et de l'Asie orientale.

quête? — Quelle ville les Arabes fondèrent-ils? — 30. Quelle fut la cause des dissensions qui éclatèrent parmi

30. Les khalifes Othman et Ali. Dissensions. Meurtre d'Ali.

— Omar était mort en 644. Othman, qui le remplaça comme khalife, se rendit impopulaire, en privant Amrou du gouvernement de l'Égypte, et en dépouillant de leurs dignités les vieux serviteurs pour en revêtir ses parents et ses amis. Le mécontentement fut bientôt porté à son comble, et Othman fut tué à Médine, dans son palais, pendant son sommeil (656.) Ali fut le quatrième khalife. Il eut d'abord à combattre quelques tribus qui n'avaient pas voulu le reconnaître : vainqueur dans une sanglante bataille livrée aux rebelles près de Bassorah, il ne resta pas pour cela paisible possesseur du khalifat. Amrou, disgracié par Othman, n'avait pas été rétabli dans son gouvernement; d'un autre côté, Moaviah, chef d'une famille puissante appelée les Ommiades ou descendants d'Ommiah, venait d'être dépouillé du gouvernement de Syrie. Ces deux hommes se réunirent contre Ali et commencèrent une guerre civile qui pendant cent dix jours fit couler des flots de sang. Trois croyants, ou plutôt trois fanatiques, résolurent de mettre fin à ces funestes dissensions en tuant les trois chefs, Amrou, Moaviah et Ali; chacun d'eux choisit sa victime. Amrou échappa à la mort par la fuite; Moaviah fut blessé, mais il guérit; Ali seul succomba sous le poignard de son assassin (660). Moaviah s'em-

les Arabes? — Qui s'empara du pouvoir après le meurtre d'Ali?

para du souverain pouvoir, et le khalifat, qui jusqu'alors avait été électif, devint héréditaire.

CHAPITRE XI.

Les Ommiades. Moaviah. Tentatives sur Constantinople. Le feu grégeois. — Successeurs de Moaviah. Conquête de l'Afrique . Conquête de l'Espagne sous Walid Iᵉʳ. — Invasion en Gaule. Chute des Ommiades et avénement des Abbassides. Khalifats de Bagdad et de Cordoue.

31. Les Ommiades. Moaviah. Tentatives sur Constantinople. Le feu grégeois. — La famille des Ommiades, à laquelle appartenait le nouveau khalife, avait dans le principe violemment persécuté Mahomet et les amis du prophète. Maître du souverain pouvoir, Moaviah établit à Damas le siége du khalifat, et il voulut inaugurer son avénement en faisant une tentative sur Constantinople et en attaquant l'Afrique, qui appartenait à l'empire d'Orient : il échoua des deux côtés.

Yézid, fils de Moaviah, assiégea Constantinople avec une puissante flotte (C60). Repoussé une première fois, il vint pendant six années consécutives renouveler ses attaques contre la ville impériale. Mais Constantinople résista à tous les efforts des Arabes, défendue par un ingénieur Grec, nommé Callinicus, qui avait inventé un terrible moyen de destruction, connu sous le nom de *feu grégeois* ou grec. Ce feu était composé de mélanges essentiellement inflammables de soufre, d'huile de naphte, de goudron et de poix : on le lançait du haut des murs par flots, ou par des flèches garnies d'étoupe enflammée ou dans des vases de fer rouge ; il tombait sur la flotte arabe avec la violence et le bruit de la foudre, et les vaisseaux n'échappaient à l'incendie qu'en reculant à de grandes distances. Moaviah se vit forcé de renoncer à son entreprise, après avoir sacrifié trente mille hommes. Akbah, un des lieutenants de Moaviah, envoyé en Afrique avec dix mille cavaliers, traversa sans obstacle toute la côte septentrionale de cette contrée. Il fonda la colonie de Kaïroan, près de Carthage, et peu après il périt dans un combat livré contre les Berbères ou Maures. Zobéir, qui le remplaça, ne fut pas plus heureux ; il fut vaincu et tué par les Grecs qui étaient venus défendre l'Afrique.

32. Successeurs de Moaviah. Conquête de l'Afrique. Conquête de l'Espagne sous Walid Ier. — Les premiers successeurs de Moaviah, Yézid Ier, Moaviah II, Merwan Ier, qui occupèrent le trône des khalifes de 680 à 685, ne firent rien de remarquable. Ce fut seulement sous le khalifat d'Abdel-Malek, fils de Merwan, que les conquêtes

taques contre Constantinople ? — Qu'était-ce que le feu grégeois ? — Quel fut le résultat des premières expédi-

reprirent leur cours. Hassan, gouverneur de l'Égypte, fut chargé de conquérir l'Afrique (692). A la tête de quarante mille hommes, il marcha droit sur Carthage, et, malgré les efforts désespérés des Grecs, il la prit d'assaut et la détruisit de fond en comble. La cour de Constantinople renonça désormais à défendre l'Afrique. Hassan eut ensuite à lutter contre les Berbères, commandés par leur reine Kahina, femme d'un courage héroïque, qui força les envahisseurs à battre en retraite. Musa, qui remplaça Hassan, gagna sur les Berbères une bataille décisive, dans laquelle périt leur reine Kahina. Dès lors l'Afrique resta définitivement soumise aux Arabes (708).

Le khalifat de Walid Ier, fils et successeur d'Abdel-Malek (707-715), fut remarquable par la conquête de l'Espagne, dont les Visigoths étaient maîtres depuis l'an 480. Rodéric y régnait alors (710). Le comte Julien, gouverneur de Ceuta[1], insulté par ce prince, voulut se venger, et, sacrifiant sa patrie à ses ressentiments, il appela à son aide les Arabes. Musa, gouverneur de l'Afrique, après avoir obtenu l'assentiment du khalife, envoya son lieutenant Tarik en Espagne. Celui-ci prit terre au rocher de Calpé, qui de son nom s'appela plus tard *Djebel al Tarik* (montagne de Tarik), aujourd'hui *Gibraltar*. Tarik put s'avancer

tions des Arabes en Afrique? — 32. Racontez la conquête de l'Afrique et celle de l'Espagne. — 33. Sous

____

1. Ville d'Afrique, sur le détroit de Gibraltar.

dans l'intérieur du pays sans rencontrer de résistance, et une seule bataille livrée près de Xérès en Andalousie décida du sort de la monarchie des Visigoths. Énervés par les douceurs d'une longue paix, ils furent complétement vaincus, et le roi Rodéric, en fuyant, se noya, dit-on, dans le Guadalquivir (711). Tolède ouvrit ses portes au vainqueur, et peu après Musa, jaloux des succès de son lieutenant Tarik, le disgracia et vint achever la soumission de l'Espagne, à l'exception des Asturies, dont le guerrier Pélage et ses valeureux compagnons défendirent l'indépendance.

33. Invasion en Gaule. Chute des Ommiades et avénement des Abbassides. Khalifats de Bagdad et de Cordoue. — Maîtres de l'Espagne, les Arabes voulurent faire la conquête de la Septimanie et de toute la Gaule méridionale. Ils prirent Narbonne, mais ils échouèrent devant Toulouse, où Eudes, duc d'Aquitaine, leur fit essuyer une sanglante défaite. Ils ne se découragèrent pas. En 732, sous le khalifat de Merwan II, leur général Abdérame franchit les Pyrénées avec une armée considérable, battit les Aquitains sur les bords de la Dordogne et marcha vers la Loire. Mais entre Tours et Poitiers il se trouva en présence des Francs, commandés par Charles Martel, duc d'Austrasie. Là se livra une terrible bataille. Toute l'impétuosité des Arabes, tous leurs efforts, échouèrent contre le courage inébranlable et les

quel chef les Arabes envahirent-ils la Gaule ? — Où et par qui furent-ils vaincus ? — Comment la famille des

armures de fer des guerriers francs. Abdérame fut tué et son armée détruite en grande partie.

A ce revers humiliant pour les armes du khalife vinrent se joindre des discordes civiles. Les Ommiades s'étaient rendus odieux à leurs sujets, qui les regardaient comme des usurpateurs. Les musulmans songèrent à les renverser, et ils mirent à leur tête Mohammed, chef de la famille des Abbassides, qui descendaient d'Abbas, oncle de Mahomet. Les deux partis s'organisèrent : les Ommiades prirent la couleur blanche; les Abbassides, la couleur noire. Les deux fils de Mohammed, Aboul-Abbas et Almanzor, battirent près de Mossoul (740) Merwan II, qui se sauva en Égypte, où il fut poursuivi et mis à mort. Aboul-Abbas fut élu khalife, et pour consolider son pouvoir il fit tuer tous les membres de la famille des Ommiades. Un seul échappa à cet horrible massacre; ce fut le jeune Abdérame, qui trouva moyen d'aborder en Espagne, où les Arabes, restés attachés à la famille des Ommiades, le proclamèrent khalife. Cordoue fut le siége de ce nouveau kalifat. D'un autre côté, avec l'avénement des Abbassides, le siége du khalifat établi jusqu'alors à Damas fut transporté à Bagdad, ville fondée sur les bords du Tigre par Almanzor, frère et successeur du sanguinaire Aboul-Abbas. Il y eut donc désormais deux khalifats : celui d'Orient, à Bagdad, et celui d'Occident, à Cordoue.

Abbassides s'empara-t-elle du souverain pouvoir ? — N'y eut-il pas alors deux khalifats ?

CHAPITRE XII.

France. — Les rois fainéants; les maires du palais. Ébroïn et saint Léger. Pépin d'Héristal. — Charles Martel. Pépin le Bref. Les Carlovingiens. — Charlemagne; ses guerres et ses conquêtes. Charlemagne empereur. Son administration.

34. France. — Les rois fainéants; les maires du palais. Ébroïn et saint Léger. Pépin d'Héristal. — Après Dagobert, dont le règne n'avait pas été sans gloire, la race mérovingienne dégénère rapidement. On ne reconnaît plus les descendants de Clovis dans les princes qui se succèdent sur le trône, sans laisser, pour ainsi dire, aucune trace de leur passage. Ce sont ces princes que l'histoire a désignés sous le nom de *rois fainéants*, parce qu'ils furent mis dans l'impuissance de rien faire, toute l'autorité étant passée aux maires du palais qui, dans l'origine, n'étaient que les simples intendants de la maison royale.

Ébroïn, maire du palais en Neustrie sous Clotaire III et Thierry III, petit-fils de Dagobert, voulut abaisser les nobles, et, pour accomplir ses desseins, il employa les moyens les plus violents. Il proscrivit ses adversaires et fit tuer saint Léger, évêque d'Autun. Pendant ce temps,

QUESTIONS. — 34. Sous quel nom les successeurs de Dagobert sont-ils connus ? — A qui était passée toute

les Austrasiens avaient aboli la royauté et choisi pour les gouverner, avec le titre de duc des Francs, Pépin d'Héristal, le seigneur le plus riche et le plus puissant de l'Austrasie. Ébroïn les attaqua et les battit à Leucofao, entre Soissons et Laon (680); mais il ne jouit pas de son triomphe : il fut assassiné peu après par un noble neustrien qu'il avait dépouillé de ses biens. Les Austrasiens reprirent alors les armes et, commandés encore par Pépin d'Héristal, ils remportèrent sur l'armée neustrienne, à Testry, entre Saint-Quentin et Péronne, une victoire décisive, qui assura désormais la prépondérance de l'Austrasie sur la Neustrie (687). Pépin d'Héristal devint le vrai maître de tout le royaume ; seulement il laissa le vain titre de roi à Thierry III et à ses successeurs Clovis III, Childebert III et Dagobert III.

35. Charles Martel. Pépin le Bref. Les Carlovingiens. — Après la mort de Pépin d'Héristal (714), les Austrasiens mirent à leur tête son fils Charles, qui avait alors vingt-cinq ans et à qui ses exploits et son courage firent donner ensuite le surnom de Martel. Les Neustriens s'étant révoltés, Charles marcha contre eux et les battit à Vincy et à Soissons (719). La Neustrie fut définitivement soumise. Charles Martel eut à combattre les Bavarois, les Thuringiens, les Frisons, qu'il contraignit à reconnaître la suprématie des Francs ; les

l'autorité ? — Dites quels furent les desseins d'Ébroïn et comment il périt. — Comment Pépin d'Héristal devint-il le vrai maître du royaume ? — 35. Quelles guerres Charles Martel eut-il à soutenir ? — Quel fut le plus glo-

Saxons, contre lesquels il fit six expéditions, furent rendus tributaires. Mais le plus glorieux de tous ses exploits fut la mémorable victoire qu'il remporta sur les Arabes près de Poitiers (732), et qui sauva l'Europe et la chrétienté de l'invasion musulmane. Il attaqua ensuite la Septimanie, dont les Arabes étaient encore maîtres; repoussé devant Narbonne, qu'il assiégea inutilement, il se vengea de cet échec en saccageant Béziers, Agde et Nîmes. Du moins il chassa les Arabes de toutes les villes qu'ils occupaient dans la Provence, et ce pays fut rattaché à la monarchie franque. Charles Martel mourut en **741**, au moment où il se disposait à passer en Italie pour défendre le pape, attaqué par les Lombards.

Charles Martel laissait deux fils, Carloman et Pépin : le premier s'étant retiré au monastère du Mont-Cassin, en Italie (747), Pépin resta seul maître de la monarchie et jugea que le moment était venu d'en finir avec la royauté mérovingienne. Il fit demander au pape Zacharie s'il n'était pas juste que celui qui exerçait le souverain pouvoir eût aussi le titre de roi. Sur la réponse favorable du souverain pontife, Pépin fut solennellement proclamé roi à Soissons (752) et sacré par saint Boniface, archevêque de Mayence. Childéric III, le dernier prince mérovingien, fut relégué dans un monastère, où il mourut trois ans

rieux de tous ses exploits? — Comment Pépin le Bref devint-il le fondateur de la dynastie des Carlovingiens?

après. Avec Pépin commença la dynastie des Carlovingiens, ainsi appelés du nom de Charles le Grand ou Charlemagne, le plus illustre des rois de cette race.

Pépin, surnommé le Bref à cause de sa petite taille, continua glorieusement l'œuvre de son père Charles Martel. Il alla deux fois en Italie pour secourir le pape et vainquit le roi des Lombards, Astolphe, auquel il enleva les villes de l'Exarchat et de la Pentapole. qu'il donna à l'Église de Rome : cet acte de donation constitua le pouvoir temporel des papes (756). Pépin conquit sur les Arabes toute la Septimanie, et commença la soumission de l'Aquitaine.

36. Charlemagne. Ses guerres et ses conquêtes. Son administration. — Pépin le Bref avait partagé ses États entre ses deux fils Charles et Carloman. Celui-ci étant mort trois ans après (771), Charles resta seul maître de toute la monarchie, et mérita par ses conquêtes et son administration d'être appelé Charles le Grand ou Charlemagne. En Gaule, Charlemagne acheva la soumission de l'Aquitaine ; en Italie, il vainquit Didier, roi des Lombards, et mit fin à la monarchie fondée par Alboin (774) ; en Espagne, il prit Pampelune, enleva aux Arabes tout le pays entre les Pyrénées et l'Ebre, et malgré le grave échec qu'au retour son arrière-garde essuya dans la vallée de Roncevaux, il garda sa conquête, qui

— Que fit-il en faveur du pape ? — 36. Racontez les guerres de Charlemagne. — Où et en quelle année ce

forma la *Marche* ou frontière d'Espagne (778). En Allemagne, la guerre qu'il fit aux Saxons dura trente-trois ans, et il fallut, pour triompher de l'opiniâtre résistance de ce peuple païen, l'infatigable activité de Charlemagne, secondée par le zèle des missionnaires qui parcouraient le pays en prêchant la vraie foi. Le duc de Bavière avait conspiré contre Charlemagne; il fut vaincu et dépouillé de son duché. Les Avares qui avaient soutenu les Bavarois furent chassés de la Bohème qu'ils occupaient, et leur camp, avec les immenses richesses qu'il renfermait, tomba au pouvoir des Francs (796).

Après toutes ces guerres, les conquêtes de Charlemagne avaient fait du royaume des Francs un vaste empire qui comprenait toute l'ancienne Gaule, la Germanie ou Allemagne, les deux tiers de l'Italie et une partie de l'Espagne. L'an **800**, le jour de Noël, Charlemagne fut couronné, à Rome, empereur d'Occident par le pape Léon III. Ce titre mit le comble à sa gloire et à sa puissance. Les princes étrangers recherchaient son amitié, et le célèbre khalife de Bagdad, Haroun-al-Raschid, lui envoya deux ambassades avec de magnifiques présents.

Charlemagne établit dans son vaste empire une administration régulière. Outre les fonctionnaires permanents, ducs, margraves, comtes, vicomtes, qui exerçaient l'autorité, au nom du

prince fut-il couronné empereur d'Occident? — Comment administra-t-il son empire?

prince, dans les subdivisions administratives de l'empire, il y avait les *envoyés royaux* chargés d'inspecter les provinces, d'écouter les plaintes des sujets et de réformer les abus. C'était dans les assemblées générales de la nation, au printemps et à l'automne, que les lois étaient discutées, et celles que l'empereur sanctionnait devenaient lois de l'empire sous le nom de *Capitulaires*. Charlemagne mit ses soins à répandre partout, avec la salutaire influence de la religion, le goût de l'instruction ; il créa des écoles dans les évêchés, dans les monastères, jusque dans son palais même, et il donnait l'exemple à tous en se faisant lui-même le disciple des hommes savants qu'il avait attirés auprès de lui, et parmi lesquels se distinguaient Eginhard [1], son secrétaire, l'Anglo-Saxon Alcuin, l'Irlandais Pierre Clément, le Lombard Paul Diacre. Charlemagne mourut à Aix-la-Chapelle, à l'âge de soixante-douze ans (814).

---

1. Éginhard a écrit la vie de Charlemagne.

CHAPITRE XIII.

Louis le Débonnaire. Révolte de ses fils. Démembrement dé l'empire de Charlemagne. — Les Normands ; leurs ravages. Charles le Chauve. Charles le Gros. — Charles le Simple. Établissement des Normands en France. Les derniers Carlovingiens.

37. Louis le Débonnaire. Révolte de ses fils. Démembrement de l'empire de Charlemagne. — L'empire fondé par Charlemagne ne devait pas lui survivre. Les successeurs de ce grand prince furent la plupart des hommes incapables. En outre, les peuples qu'il avait réunis et maintenus sous la même loi étaient si différents d'origine, de langage et de coutumes, qu'ils aspiraient à se séparer. Le fils de Charlemagne, Louis le Débonnaire, était d'un caractère doux et bon, mais très-faible : il ne sut pas même gouverner sa famille. En 817, il partagea l'administration de l'empire avec ses trois fils : Lothaire, l'aîné, eut le titre d'empereur et le royaume d'Italie ; Pépin, le second, fut roi d'Aquitaine, et Louis, le troisième, roi de Germanie. Douze ans après (829), Louis le Débonnaire modifia ce premier partage pour donner aussi un royaume à Charles, né de

QUESTIONS. — 37. Quel était le caractère de Louis le Débonnaire ? — Quelles causes mirent le trouble dans l'empire ? — Les fils de Louis le Débonnaire purent-

son mariage avec Judith, sa seconde femme. Ses autres fils mécontents se révoltèrent, et après avoir infligé à leur père la honte d'une dégradation solennelle, ils le tinrent emprisonné. Rétabli sur le trône par la pitié ou l'indignation des seigneurs francs, Louis eut à combattre de nouvelles révoltes, et il mourut de chagrin en 840.

Lothaire, héritier de la dignité impériale, voulait être reconnu pour le chef suprême de l'empire. Ses frères, Charles le Chauve et Louis le Germanique, se liguèrent contre lui et lui livrèrent à Fontanet ou Fontenay, près d'Auxerre, une sanglante bataille. Lothaire fut vaincu et demanda la paix. Alors fut conclu entre les trois princes le traité de Verdun (843), qui donna à Louis le Germanique les pays au delà du Rhin, c'est-à-dire l'Allemagne; à Charles le Chauve, toute la partie de la Gaule située à l'ouest de la Meuse, de la Saône et du Rhône : ce fut le royaume de France. Lothaire eut l'Italie, et de plus une longue bande de territoire qui s'étendait du Rhin au Rhône et comprenait la Belgique, la Lotharingie ou Lorraine, le Dauphiné et la Provence.

38. Les Normands; leurs ravages. Charles le Chauve. Charles le Gros. —Sous Charles le Chauve, la France fut ravagée par les Normands (hommes du Nord), pirates venus de la Scandinavie (Danemark, Suède et Norwége). Ils pénétraient

ils s'accorder ? — Quelles furent les stipulations du traité de Verdun ? — 38. Racontez les ravages des Normands. — Que fit Charles le Chauve ? — Quel homme com-

dans l'intérieur du pays par l'embouchure des grands fleuves, et partout leur passage était marqué par le meurtre, le pillage et l'incendie. En 841, ils remontèrent la Seine, brûlèrent Rouen, et trois ans après ils dévastèrent Paris. Charles le Chauve, au lieu de les combattre, acheta honteusement leur retraite au prix de sept mille livres d'argent. Il y eut cependant des résistances héroïques. Robert le Fort, comte d'Anjou et duc de France, vainquit plusieurs fois les Normands qui désolaient les provinces baignées par la Loire, et il périt glorieusement à Brissarthe, près d'Angers, dans un dernier combat livré à ces barbares. Charles le Chauve, qui n'avait pas su défendre son royaume, alla en Italie se faire couronner empereur; à son retour, il mourut dans une chaumière au pied du mont Cenis (877).

39. Charles le Simple. Établissement des Normands en France. Les derniers Carlovingiens. — Louis II, le Bègue, fils de Charles le Chauve, ne régna que deux ans. Ses fils, Louis III et Carloman, gouvernèrent ensemble, battirent plusieurs fois les Normands, et moururent jeunes tous les deux (884). Ils avaient un frère, Charles le Simple, encore enfant. Les seigneurs donnèrent la couronne de France à Charles le Gros, petit-fils de Louis le Débonnaire, qui était déjà roi de Germanie et empereur et qui réunit ainsi tout l'empire de Charlemagne. En 886, trente mille

battit les barbares? — 39. Pourquoi la couronne de France fut-elle donnée à Charles le Gros? — Quelle

Normands vinrent assiéger Paris : les habitants de cette ville, encouragés par leur évêque Gozlin, et soutenus par Eudes, fils de Robert le Fort, le défendirent héroïquement pendant une année entière. Charles le Gros parut enfin avec une grande armée; mais au lieu de combattre les Normands, il acheta leur retraite à prix d'argent. Cette lâcheté souleva l'indignation générale, et dans une diète ou assemblée tenue à Tribur (887), Charles le Gros fut déposé et il mourut misérablement quelques mois après. L'empire de Charlemagne, de nouveau et définitivement démembré, fut morcelé en sept royaumes indépendants (France, Germanie ou Allemagne, Italie, Bourgogne en deçà du Jura ou Provence, Bourgogne au delà du Jura, Lorraine, Navarre).

Eudes, le défenseur de Paris, fut proclamé roi (887). Cependant quelques seigneurs soutinrent les droits de Charles le Simple. Eudes, pour ne pas prolonger la guerre civile, consentit à traiter avec son rival, qui lui succéda en 898. Charles le Simple mit un terme aux incursions des Normands par le traité de Saint-Clair-sur-Epte, en cédant à Rollon, un de leurs principaux chefs, la partie de la Neustrie appelée depuis Normandie et en lui donnant sa fille en mariage, avec le titre de duc. Rollon et ses compagnons d'armes reçurent le baptême. Les seigneurs, mécontents du gouvernement de Charles le Simple,

ville fut assiégée par les Normands ? — Par qui fut-elle défendue ? — Pourquoi Charles le Gros fut-il déposé ?

se révoltèrent et proclamèrent roi Robert, duc de France et frère d'Eudes. Il y eut une bataille dans laquelle Robert fut tué; mais son fils Hugues resta vainqueur et fit reconnaître pour roi son beau-frère Raoul, duc de Bourgogne. Charles le Simple, après sa défaite, était allé demander asile à Herbert, comte de Vermandois, qui le trahit et l'enferma dans la tour de Péronne, où il le laissa mourir. Hugues pouvait prendre la couronne; il la laissa d'abord au fils de Charles le Simple, à Louis IV, dit d'Outre-Mer, puis au fils de ce prince, Lothaire; mais il garda pour lui-même tout le pouvoir qu'il transmit à son fils Hugues Capet. Lothaire mourut en **986**. Son fils, Louis V, ne régna qu'un an, et avec lui s'éteignit en France la dynastie des Carlovingiens. Hugues Capet se fit proclamer roi par les principaux seigneurs réunis à Senlis et fut sacré à Noyon (987).

— Quels royaumes se formèrent du démembrement de l'empire de Charlemagne? — Racontez les principaux événements qui eurent lieu depuis le règne de Charles le Simple jusqu'à l'avénement des Capétiens.

CHAPITRE XIV.

La féodalité. Suzerain et vassal; foi et hommage. Les pairs; le combat judiciaire. — Puissance des nobles. Bienfaits de l'Église. Les monastères. — Les premiers Capétiens. Hugues Capet; Robert. Henri Ier; Philippe Ier.

40. La féodalité. Suzerain et vassal; foi et hommage. Les pairs; le combat judiciaire. — La féodalité est la forme de gouvernement adoptée, au moyen âge (du dixième au treizième siècle), dans les principaux États de l'Europe et particulièrement en France; elle consistait dans une sorte de confédération des nobles[1] ou seigneurs subordonnés les uns aux autres. Les nobles étaient alors seuls possesseurs des terres qui, soumises à certaines redevances, étaient désignées sous le nom de *bénéfices* ou *fiefs*, c'est-à-dire données comme récompense ou salaire. Celui qui donnait une terre à titre de fief était le seigneur *suzerain*, et celui qui la recevait, le *vassal*, soumis à son seigneur. Le vassal, pour recevoir l'investiture

QUESTIONS. — 40. Qu'est-ce que la féodalité? — De quelles cérémonies était accompagnée la donation d'une terre? — Qu'étaient-ce que les pairs? les grands vas-

1. On appelait nobles tous ceux qui, à cette époque, possédaient, à titre héréditaire, soit des bénéfices ou fiefs, soit des charges importantes, comme celles de ducs, comtes, margraves, etc.

de son fief, c'est-à-dire pour être mis en possession de son domaine, devait d'abord se reconnaître l'*homme* du donateur: c'est ce qu'on appelait l'*hommage*. Ensuite, il lui engageait sa *foi*, tenant la main droite sur l'Évangile et promettant de rester fidèle à ses engagements. Dès lors il y avait entre le suzerain et le vassal des obligations réciproques : le suzerain devait à son vassal toute protection et bonne justice; le vassal était obligé de suivre son suzerain à la guerre, de l'aider à payer sa rançon, s'il était prisonnier, à marier sa fille aînée, à armer chevalier son fils aîné.

Le vassal possesseur d'un fief avait la faculté de donner à un autre noble une partie de son domaine, de telle sorte que le même seigneur pouvait être suzerain pour les fiefs qu'il avait conférés et vassal pour ceux qu'il avait reçus. Les vassaux d'un même seigneur étaient *pairs,* c'est-à-dire égaux entre eux. Les grands vassaux qui faisaient personnellement hommage au roi, tels que les ducs de Bourgogne, de Normandie, d'Aquitaine, les comtes de Flandre, de Champagne, de Toulouse, étaient les pairs de la couronne ou de France. Pour rendre la justice, le suzerain convoquait ses vassaux. Si la cause paraissait douteuse, on avait recours au *duel* ou *combat judiciaire,* qui avait odieusement usurpé le nom de *jugement de Dieu;* car bien souvent

saux ? — Comment se rendait la justice ? — **41.** Comment les nobles avaient-ils augmenté leur puissance ? —

c'était l'innocent qui succombait sous la force ou l'adresse de son adversaire.

41. Puissance des nobles. Bienfaits de l'Église. Les monastères. — Les nobles avaient profité de la faiblesse des derniers rois carlovingiens pour augmenter considérablement leur puissance. Charles le Chauve, par un édit rendu à Kiersy-sur-Oise en 877, avait reconnu l'hérédité non-seulement des bénéfices ou fiefs, mais aussi des fonctions publiques, c'est-à-dire que chaque duc ou comte put transmettre à ses héritiers les terres qu'il avait reçues et les fonctions dont il était revêtu. Les seigneurs féodaux, devenus ainsi souverains dans la province qu'ils gouvernaient, s'étaient arrogé tous les droits de la royauté, le droit de guerre, le droit de justice, même le droit de battre monnaie.

A cette époque, l'ignorance était générale et profonde. La guerre entre les seigneurs était l'état habituel de la société féodale, et on ne reconnaissait d'autre loi que la force brutale. L'Église seule, par ses vertus, ses lumières et ses bienfaits, était une puissance respectée. Elle prenait sous sa protection tout ce qui était faible et souffrant, les pauvres, les orphelins, les opprimés. Les évêques, dignes représentants de l'Église, s'efforçaient d'inspirer aux hommes puissants des sentiments de douceur, de justice et de modération. Les monastères s'étaient multipliés : c'est

De quels droits jouissaient-ils ? — Quels bienfaits l'Église rendait-elle à la société ? — 42. Donnez quelques détails

de là qu'étaient sortis les missionnaires qui allaient, au péril de leur vie, convertir les peuples païens; c'est dans ces asiles de paix et d'étude que les religieux copiaient les anciens manuscrits et nous conservaient ainsi les trésors des sciences et des lettres antiques.

42. Les premiers Capétiens. Hugues Capet; Robert. Henri Ier; Philippe Ier. — Hugues Capet commença la dynastie des Capétiens, à laquelle il a donné son nom. Duc de France, comte de Paris et d'Orléans, Hugues Capet était au moins l'égal des grands vassaux et pouvait leur tenir tête. L'oncle du dernier roi, Charles de Lorraine, lui disputa la couronne; il fut vaincu et enfermé dans la tour d'Orléans, où il mourut. Hugues Capet fit sacrer de son vivant son fils Robert, qui lui succéda en 996. Robert, prince pieux et charitable, composait des hymnes d'église, chantait au lutrin et nourrissait tous les jours un grand nombre de pauvres. Ce bon roi eut beaucoup à souffrir de l'humeur impérieuse de sa seconde femme, Constance, qui mit le trouble dans la famille royale. Robert acquit par héritage le riche duché de Bourgogne. En mourant (1031) il désigna pour son successeur Henri, un de ses fils.

Henri Ier eut à combattre son frère Robert, à qui la reine Constance et quelques seigneurs puissants voulaient donner la couronne. Henri, sou-

sur le règne des premiers Capétiens. — Qu'était-ce que la trêve de Dieu ?

tenu par le duc de Normandie, Robert le Magnifique, surnommé aussi le Diable, triompha de ses ennemis et se montra généreux en cédant à son frère le duché de Bourgogne[1]. C'est sous ce règne que l'Église, pour adoucir les maux qu'entraînaient les guerres privées des seigneurs, établit la *trêve de Dieu*, qui défendit de faire la guerre du mercredi soir au lundi matin de chaque semaine, les jours de grandes fêtes, l'avent et le carême tout entiers. Philippe Ier succéda à son père Henri Ier en 1060 et régna jusqu'en 1108. Ce prince indolent ne fit rien de remarquable; il assista comme témoin à deux grands événements : la conquête de l'Angleterre par les Normands et la première croisade.

CHAPITRE XV.

Allemagne. — Arnulfe. Louis l'Enfant. Le dixième siècle. — Conrad de Franconie. Henri l'Oiseleur. Othon le Grand; victoire d'Augsbourg sur les Hongrois. — Othon le Grand en Italie. Rétablissement de l'empire d'Occident. Othon II; Othon III.

43. Allemagne. Arnulfe. Louis l'Enfant. Le dixième siècle. — Après la déposition de Charles

QUESTIONS. — 43. Quel prince fut élu roi de Germanie après la déposition de Charles le Gros? — Racontez les

1. Robert fonda ainsi la première maison capétienne de Bourgogne, laquelle subsista jusqu'en 1361.

le Gros à la diète de Tribur (887), les Allemands élurent roi Arnulfe, son neveu, fils de Carloman et petit-fils de Louis le Germanique. Il fut reconnu sans difficulté par les principaux vassaux de la couronne, et les rois eux-mêmes lui rendirent hommage comme à leur suzerain. Son règne de douze ans fut tout entier employé à combattre les barbares qui de tous côtés menaçaient d'envahir ses États : au S. les Sarrazins d'Espagne ; à l'E. les Slaves et les Moraves, puis les Hongrois, terribles descendants des Huns ; à l'O. les Normands. Ces derniers, qui dévastaient la Lorraine, en furent chassés après avoir essuyé une sanglante défaite sur les bords de la Dyle, et la Lorraine, érigée en royaume, fut donnée à Zwentibold, fils d'Arnulfe (891).

En 896, deux princes italiens, Guido ou Guy, duc de Spolète, et Bérenger, duc de Frioul, se disputèrent la Lombardie : Arnulfe soutint Bérenger ; mais, à la mort de Guido, il dépouilla Bérenger de son duché et alla recevoir la couronne impériale des mains du pape (896). Il mourut trois ans après. Louis IV, son fils et son successeur, fut surnommé l'Enfant, parce qu'il n'avait que sept ans lorsqu'il monta sur le trône. C'est avec le règne de ce prince que commence le dixième siècle, l'époque la plus triste et la plus douloureuse du moyen âge. Les campagnes ruinées par les guerres entre les seigneurs ou par les

principaux faits du règne d'Arnulfe. — Qui eut-il pour successeur ? — Quels maux signalèrent le dixième siècle ?

invasions des barbares du Nord ; les populations décimées par de terribles épidémies, par la famine ; partout une profonde misère : tel est le sombre tableau qu'offre cette époque. Aussi, tous ces maux, les plus cruels qu'on eût jamais vus, semblaient annoncer que l'humanité entière était destinée à périr, et c'était une opinion commune que la dernière année du dixième siècle, l'an 1000, devait être la fin du monde.

44. Conrad de Franconie. Henri l'Oiseleur. Othon le Grand ; victoire d'Augsbourg sur les Hongrois. — Louis l'Enfant mourut en 911 : il était le dernier descendant de la famille carlovingienne en Allemagne. La diète de Tribur, appelée à élire un roi, porta son choix sur Conrad, duc de Franconie [1]. Le nouveau souverain eut à lutter contre les grands vassaux. Non-seulement le duc de Bavière refusa de le reconnaître, mais encore il osa prendre lui-même le titre de roi. Vaincu et forcé de fuir, il alla demander l'assistance des Hongrois et revint avec eux pour recommencer la lutte. Conrad périt dans un combat livré à ces barbares (919). Les électeurs donnèrent alors la couronne au duc de Saxe, Henri Ier, qui fut surnommé l'Oiseleur, parce

— **44.** A quelles maisons fut donnée la couronne après Louis l'Enfant ? — Racontez les principaux faits des règnes de Conrad de Franconie et de Henri l'Oiseleur.

1. L'Allemagne renfermait alors, entre autres États, les quatre grands duchés de Franconie, de Saxe, de Souabe et de Bavière.

qu'il était à la chasse aux oiseaux lorsque les députés de la diète lui apportèrent les ornements royaux. Henri Ier fonda la grandeur de la maison de Saxe, qui occupa le trône pendant plus d'un siècle. Il sut imposer aux grands vassaux le respect de l'autorité royale et réunit à ses États l'Alsace, détachée de la Lorraine. Pour défendre les frontières de l'est et du nord contre les invasions des Slaves, des Danois et des Hongrois, il établit les margraviats de Brandebourg, de Misnie et de Sleswig ; en même temps, il fortifiait les villes et organisait une armée régulière. Aussi, lorsque les Hongrois vinrent l'attaquer en 934, il leur fit essuyer une sanglante défaite à Mersebourg.

Le fils de Henri l'Oiseleur, Othon Ier, continua glorieusement l'œuvre de son père et mérita le surnom de Grand. Pour contre-balancer la puissance des ducs, il institua les *comtes palatins,* officiers royaux qui étaient chargés de les surveiller et de rendre la justice conjointement avec eux. En même temps, il conférait des comtés et des duchés aux évêques avec tous les droits dont jouissaient les grands vassaux. Il soumit au tribut les Slaves, les Danois, les Bohémiens, et s'efforça de civiliser ces peuples en favorisant chez eux la propagation du christianisme. Enfin, il mit un terme aux invasions des Hongrois par la mémorable et décisive victoire d'Augsbourg

— Comment Othon Ier mérita-t-il le surnom de Grand ?
— 45. Dans quelles circonstances Othon le Grand fut-il

(955). C'est au milieu de ces succès qu'Othon le Grand fut appelé en Italie.

45. Othon le Grand en Italie. Rétablissement de l'empire d'Occident. Othon II; Othon III. — Depuis longtemps l'Italie était livrée à de tristes désordres. Les seigneurs les plus puissants se disputaient la dignité royale ; d'autres petits princes vivaient en mésintelligence les uns à l'égard des autres. Rome elle-même était dans le trouble et la confusion ; l'autorité des papes y était contestée. Dans ces circonstances, la princesse Adélaïde, veuve de Lothaire, roi d'Italie, persécutée par Bérenger II, marquis d'Ivrée, se réfugia au château de Canossa, et de là elle implora le secours du roi de Germanie. Othon franchit les Alpes, se fit proclamer roi à Milan et s'avança, sans rencontrer d'obstacles, jusqu'à Rome, où il reçut du pape Jean XII la couronne impériale (962). Ainsi fut rétabli l'empire d'Occident, qui, après Charlemagne, n'avait plus existé que de nom sous les faibles successeurs de ce grand prince.

Les Romains se soulevèrent contre la domination allemande. Othon punit sévèrement cette révolte et, abusant de sa puissance, il fit décréter par le concile et le peuple romain qu'il aurait, lui et ses successeurs à la couronne d'Italie, le pouvoir de la transmettre à qui ils voudraient et le droit de nommer le pape, les archevêques

appelé en Italie ? — Par qui fut-il couronné empereur ? — Que fit-il décréter par le peuple romain ? — Quels

et les évêques, qui recevraient de ces princes l'investiture. Ainsi l'Église était désormais asservie à l'empire; mais elle devait trouver plus tard un libérateur dans le pape Grégoire VII.

Othon II monta sur le trône à la mort de son père (973). Il eut à réprimer la révolte des grands vassaux, qu'il força à se soumettre. En Italie, il voulut conquérir les provinces méridionales, qui étaient encore sous la dépendance de l'empire de Constantinople; battu et forcé de fuir, il fut pris par des pirates grecs, réussit à s'échapper et mourut peu après (983). Il eut pour successeur son fils Othon III, dont le règne ne fut signalé que par un seul fait important. A Rome, le peuple voulait rétablir le gouvernement républicain et avait pris pour chef Crescentius, qui se fit nommer tribun. Othon III accourut avec une armée. Crescentius, assiégé dans le château Saint-Ange, où il s'était renfermé, fut pris et pendu (988). Quatre ans après, Othon III mourut en Campanie, empoisonné, dit-on, par la veuve de Crescentius (1002).

furent les principaux événements des règnes d'Othon II et d'Othon III?

CHAPITRE XVI.

Angleterre. — Egbert le Grand. Les Danois envahissent l'Angleterre. Alfred le Grand. — Édouard Iᵉʳ; Athelstan. Nouvelle invasion des Danois. Éthelred II. — Suénon. Kanut le
Grand; ses fils. Retour de la dynastie saxonne.

**46. Angleterre. Egbert le Grand. Les Danois
envahissent l'Angleterre. Alfred le Grand.** — Les
Anglo-Saxons, maîtres de l'Angleterre, qu'ils
avaient conquise sur les Bretons, ne surent y
fonder rien de durable. Les sept États dont se
composait l'Heptarchie restèrent divisés, et les
chefs qui les gouvernaient, jaloux les uns des
autres, se faisaient continuellement la guerre :
aussi les Anglo-Saxons, désunis et par cela même
affaiblis, devaient-ils subir à leur tour la domination de nouveaux envahisseurs, des Danois
d'abord, des Normands ensuite.

Egbert le Grand, roi de Wessex (827-837),
formé par les leçons de Charlemagne, auprès duquel il avait passé plusieurs années dans sa jeunesse, soumit à son autorité l'Heptarchie tout
entière. En 835, les Danois, pirates qui venaient
des îles de la mer Baltique, débarquèrent sur la
côte de Cornouailles et pénétrèrent dans le De-
vonshire; Egbert les vainquit et les força de se

QUESTIONS. — 46. Quel prince soumit à son autorité
toute l'Heptarchie ? — Par quel peuple l'Angleterre fut-

rembarquer. Mais, après la mort de ce prince, les sept royaumes se divisèrent de nouveau, et les Danois revinrent en plus grand nombre, épouvantant les populations par le meurtre, le pillage et l'incendie. Ragnar Lodbrog, un de leurs chefs ou rois de mer les plus fameux, s'étant aventuré sur les terres du Northumberland, fut battu par Ella, roi du pays, fait prisonnier et jeté dans un cachot rempli de serpents venimeux, au milieu desquels il périt. Les fils de Ragnar, ayant réuni des forces considérables, s'emparèrent de la ville d'York, et le roi Ella, tombé vivant entre leurs mains, expia dans les plus affreuses tortures le supplice qu'il avait infligé à leur père (867). Trois ans après, les Danois, maîtres de l'Est-Anglie, du Northumberland et de la Mercie, n'avaient plus qu'à soumettre le Wessex[1], qui était alors gouverné par un prince nommé Alfred.

Alfred soutint d'abord la lutte contre les envahisseurs; mais, mal secondé par ses partisans, il fut réduit à se réfugier dans une île entourée de marais, et il resta caché pendant six mois dans la cabane d'un pauvre bûcheron. L'espoir d'arracher son pays à la domination étrangère lui fit prendre une résolution hardie. Ayant appris que

elle envahie? — Comment périt un des chefs Danois? — Comment cette mort fut-elle vengée? — Racontez de quelle manière Alfred délivra son pays. — Comment ce

1. Le Wessex comprenait alors les quatre royaumes fondés primitivement par les Saxons.

3.

les Danois et leur chef Gothrun étaient campés près d'Ethandun, il envoya des messages secrets aux Saxons qui lui étaient restés fidèles, leur donnant rendez-vous, pour la septième semaine après Pâques, en un lieu nommé la *pierre d'Egbert*. Lui-même, sous les habits d'un joueur de harpe, pénétra dans le camp des ennemis pour examiner leur position. Au jour marqué, il attaqua brusquement les Danois et remporta une victoire complète.

Alfred, après avoir ainsi délivré son pays, gouverna avec tant de sagesse, qu'il mérita le surnom de Grand. Il divisa son royaume en comtés et y maintint partout une justice sévère. En même temps, il s'efforçait de civiliser les Saxons : très-instruit lui-même, il voulait que tous les enfants des hommes libres apprissent au moins à lire et à écrire, et il fonda l'école d'Oxford, qui est encore si célèbre aujourd'hui.

47. Édouard Ier; Athelstan. Nouvelle invasion des Danois. Éthelred II. — Le fils d'Alfred le Grand, Édouard Ier ou l'Ancien (901-924), et son petit-fils Athelstan (924-941) se montrèrent les dignes héritiers de sa couronne. Les Danois, qui occupaient les provinces du nord, tentèrent des incursions hors de leur territoire; Édouard les battit et les refoula dans leurs limites. Athelstan fit plus encore : les Danois s'étant ligués avec les Gallois et les Écossais pour attaquer ce

prince gouverna-t-il ? — 47. Quelle mémorable victoire Athelstan remporta-t-il sur les Danois ? — Que fit le roi

prince, il remporta sur ces peuples confédérés la mémorable victoire de Brunanburgh, que les Anglais appelèrent le *jour du grand combat*, et qui eut pour résultat la soumission de toute l'Heptarchie. Athelstan prit le premier, dit-on, le titre de roi d'Angleterre.

Les successeurs d'Athelstan furent des princes faibles et incapables. Aussi les Danois revinrent-ils ravager l'Angleterre sous le règne d'Éthelred II (978-1013). Ce prince aurait pu combattre les envahisseurs; il aima mieux les éloigner en leur donnant de grosses sommes d'argent. C'était les engager à revenir, et ils n'y manquèrent pas. Alors Éthelred eut recours à une atroce perfidie. Sur des ordres secrets envoyés par lui aux magistrats et aux officiers royaux, tous les Danois de la dernière invasion qui s'étaient établis en Angleterre furent, le même jour et à la même heure, assaillis et tués dans leurs maisons. Au nombre des victimes de cet horrible massacre, qui eut lieu le jour de la Saint-Brice (1003), se trouvait la sœur de Suénon, roi de Danemark.

48. Suénon. Kanut le Grand; ses fils. Retour de la dynastie saxonne. — Suénon, pour venger la mort de sa sœur, arriva bientôt avec des forces considérables, et, après une lutte de plusieurs années, il resta maître de toute l'Angleterre. Éthelred s'était enfui, avec sa femme Emma et ses enfants, auprès de son beau-frère, Richard, duc

Éthelred II pour se débarrasser des envahisseurs ? — 48. Comment Suénon devint-il maître de l'Angleterre ?

de Normandie. Suénon mourut en 1014 et laissa la couronne à son fils Kanut le Grand. Les provinces du sud ne voulurent pas reconnaître le nouveau roi, et soutinrent les droits d'abord d'Éthelred II, puis de son fils aîné Edmond II: mais ce dernier étant mort après deux ans de lutte, Kanut fut reconnu roi de toute l'Angleterre (1017). Il se montra d'abord violent et cruel : tous les hommes qui s'étaient fait remarquer par leur attachement à la royauté anglo-saxonne furent bannis ou mis à mort; cependant il s'adoucit peu à peu, s'appliqua à réparer les maux de l'invasion, à propager le christianisme, et se montra juste et bienveillant pour les Saxons comme pour les Danois. Maître souverain du Danemark et de l'Angleterre, Kanut soumit encore à sa domination la Norwége et la Suède. Ces prospérités ne lui enflèrent point le cœur. Un jour, comme il se promenait au bord de la mer, ses courtisans exaltaient à l'envi sa gloire et sa puissance. Il s'assit sur le sable que le flot menaçait de couvrir, et il commanda à la mer de se retirer. Mais le flot montait toujours, à tel point que le roi fut forcé de s'éloigner. « Vous voyez, dit-il à ses courtisans, combien est faible le pouvoir des rois de la terre ; il n'y a de puissant que le roi du ciel, qui commande aux éléments. »

Kanut le Grand mourut en 1035. Ses deux fils,

— A qui laissa-t-il la couronne ? — Racontez le règne de Kanut le Grand. — Quelle leçon ce prince donna-t-il

Harald et Hardi-Kanut régnèrent successivement après lui, et ne se signalèrent que par leurs violences. Le dernier mourut en 1041, sans laisser de postérité, et les Saxons rappelèrent de Normandie Édouard, fils d'Éthelred II. La dynastie saxonne fut ainsi rétablie sur le trône d'Angleterre, mais ce fut pour bien peu de temps.

CHAPITRE XVII.

Conquête de l'Angleterre par les Normands. Édouard III le Confesseur. Harold et Guillaume, duc de Normandie. — Harold proclamé roi d'Angleterre. Invasion des Normands. Bataille d'Hastings. — Guillaume le Conquérant, roi d'Angleterre. Sort des vaincus. Insurrection des Saxons; le camp du Refuge; les outlaws.

49. Conquête de l'Angleterre par les Normands. Édouard III le Confesseur. Harold et Guillaume, duc de Normandie. — L'Angleterre, à peine délivrée de la domination danoise, était destinée à subir les malheurs d'une nouvelle invasion et à être définitivement conquise par les Normands. Édouard III, à qui sa piété fit donner le surnom de Confesseur, avait rapporté de Normandie, où il avait passé toute sa jeunesse, les mœurs et le langage des gens d'outre-mer. Aussi il ne s'en-

un jour à ses flatteurs? — Comment la dynastie saxonne fut-elle rétablie sur le trône d'Angleterre?

Questions. — 49. A qui Édouard III prodigua-t-il

toura que de Normands, et toutes les faveurs furent pour eux. Les seigneurs saxons s'indignèrent de voir les plus hauts emplois et les honneurs prodigués à des étrangers. Parmi ces seigneurs, on distinguait le puissant comte Godwin, dont Édouard III avait épousé la fille. Godwin osa faire entendre quelques plaintes, et le roi, pour le punir, le condamna au bannissement. Mais peu après Édouard reconnut qu'il avait agi injustement; il se réconcilia avec Godwin et ordonna aux Normands de quitter le royaume.

Le comte Godwin mourut en 1053. Son fils aîné Harold hérita de sa puissance, et il en usa si noblement pour le bien public, que le roi Édouard lui donna toute sa confiance et se reposa sur lui des soins du gouvernement. En l'année 1065, l'Angleterre jouissant d'une profonde paix, Harold fit un voyage en Normandie, où le duc Guillaume l'accueillit avec les plus grands égards. Un jour qu'ils chevauchaient ensemble, le rusé Normand dit au Saxon : « Quand Édouard et moi nous vivions comme deux frères sous le même toit, il me promit, si jamais il devenait roi d'Angleterre, de me faire son héritier ; aide-moi à réaliser cette promesse, et je t'accorderai tout ce que tu demanderas. » Harold, surpris, balbutia quelques vagues paroles d'acquiescement. Alors Guillaume l'emmena à Bayeux, et là, devant une grande assemblée de prélats et de

toutes les faveurs? — Pourquoi le comte Godwin fut-il banni ? — Ne rentra-t-il pas en grâce ? — Quel homme

barons, il l'invita à confirmer par serment sa promesse. Harold, surpris encore une fois, jura en étendant la main sur deux petits reliquaires placés sur un drap d'or. Mais ce drap cachait une grande cuve qui était remplie jusqu'au bord d'ossements de saints, et que le duc fit découvrir. A cette vue, Harold pâlit, effrayé d'avoir juré sur un si grand nombre de reliques.

50. Harold proclamé roi d'Angleterre. Invasion des Normands. Bataille d'Hastings. — Edouard III mourut au commencement de l'année 1066, peu après le retour d'Harold en Angleterre. N'ayant pas d'enfant, il avait désigné le fils de Godwin comme l'homme le plus digne de la couronne, et ce choix fut confirmé par les suffrages de la nation. A peine proclamé roi, Harold vit arriver un messager du duc Guillaume, qui le sommait d'exécuter sa promesse. Harold répondit que cette promesse était nulle, parce qu'elle lui avait été arrachée par la force. Guillaume fit aussitôt publier son ban de guerre dans les contrées voisines de la Normandie, promettant une forte solde et le pillage de l'Angleterre à tous ceux qui voudraient servir sous sa bannière. Une foule d'aventuriers vinrent grossir les rangs de son armée.

Le **28** septembre **1066**, Guillaume partit du port de Saint-Valery-sur-Somme avec douze cents navires qui portaient soixante mille hommes, et il débarqua sans obstacle à Pevensey, dans le comté

hérita de la puissance de Godwin ? —'Racontez le voyage d'Harold en Normandie. — 50. Quelle fut la réponse

de Sussex. Pendant ce temps, Harold était à York, où il laissait reposer son armée, avec laquelle il venait de repousser une invasion des Norvégiens. Dès qu'il apprit que les Normands étaient débarqués, il marcha à leur rencontre et les rejoignit près d'Hastings. La bataille s'engagea le 14 octobre au matin. Les Normands attaquèrent les Saxons avec impétuosité ; mais ceux-ci, retranchés derrière une palissade de pieux, résistèrent à tous les efforts des assaillants. Guillaume eut alors recours à un stratagème. Il ordonne aux siens de faire semblant de fuir : les Saxons, se croyant déjà sûrs de la victoire, sortent en foule de leurs palissades et se mettent à la poursuite de l'ennemi ; aussitôt les chevaliers normands se rallient, attaquent les Saxons dispersés, les taillent en pièces, et enfin pénètrent dans les redoutes, où ils font un horrible massacre. Le roi Harold et ses deux frères tombèrent morts au pied de leur étendard. Telle fut cette sanglante bataille d'Hastings, qui fit passer l'Angleterre sous la domination des Normands.

51. Guillaume le Conquérant, roi d'Angleterre. Sort des vaincus. Insurrection des Saxons ; le camp du Refuge ; les outlaws. — Guillaume marcha aussitôt sur Londres, qui lui ouvrit ses portes, et, pour maintenir dans la soumission les habitants de la capitale, il fit commencer la construction de la fameuse forte-

d'Harold à la demande que lui adressa Guillaume ? — Racontez les préparatifs de Guillaume, son arrivée en

resse nommée la *Tour de Londres*. Après avoir été solennellement proclamé roi, Guillaume fit procéder au partage des richesses du territoire conquis. Il prit pour lui le trésor des anciens rois, l'orfévrerie des églises et un nombre considérable de domaines. Les barons et les chevaliers eurent des terres, des châteaux, des bourgades et même des villes entières; les autres hommes de guerre, suivant leur grade ou les conditions de leur engagement, reçurent leur part, soit en argent, soit en propriétés. Les évêchés et les abbayes furent donnés à des Normands. Ce ne fut pas assez pour Guillaume de dépouiller de tous leurs biens les vaincus, les malheureux Saxons; il les priva de leurs droits de nation et les assimila à des esclaves. Tous les soirs, à huit heures, quand la cloche sonnait le couvre-feu, ils devaient éteindre chez eux toute lumière. La chasse leur fut interdite; un Saxon qui tuait un cerf ou un lièvre était puni de mort ou de la perte des yeux.

Cette dure oppression poussa les Saxons à la révolte. Pendant une absence de Guillaume, qui était allé visiter son duché de Normandie, une insurrection formidable éclata dans plusieurs provinces. Guillaume se hâta de revenir et se vengea cruellement par la dévastation des campagnes, l'incendie des hameaux et des villes et le massacre des habitants. L'insurrection était com-

Angleterre et la bataille d'Hastings. — 51. Comment se fit le partage du territoire conquis? — Comment furent

primée, mais non éteinte. Les Saxons, ayant pour chef un homme intrépide nommé Héréward, se retirèrent en grand nombre dans l'île d'Ely, entourée de toutes parts d'immenses marécages, et s'y retranchèrent dans un camp qui fut appelé le *camp du Refuge*. Déjà, bien des fois, Héréward, sortant à l'improviste de sa retraite, avait attaqué et détruit des détachements ennemis, lorsqu'un traître fit connaître à Guillaume un chemin par lequel on pouvait arriver jusqu'à l'île d'Ely ; presque tous les défenseurs du Refuge furent tués ou pris.

Beaucoup d'autres Saxons, pour ne pas courber la tête sous le joug étranger, se réfugièrent dans les forêts, où ils vivaient du produit de leur chasse, tuant le gibier du roi et des barons normands. On les désignait sous le nom d'*outlaws* (mis hors la loi), et, pendant bien longtemps, ces proscrits causèrent, par leur audace et leur intrépidité, de mortelles alarmes aux oppresseurs de leur pays.

traités les Saxons ? — Que firent-ils ? — Qu'était-ce que le camp du Refuge ? — Qu'étaient-ce que les outlaws ?

CHAPITRE XVIII.

Italie. — Les Sarrasins. Siége de Salerne. Les pèlerins normands. — Les fils de Tancrède de Hauteville. Robert Guiscard et Roger. Fondation du royaume des Deux-Siciles. — Les républiques maritimes, Venise, Gênes et Pise.

52. Italie. Les Sarrasins. Siége de Salerne. Les pèlerins normands. — Au commencement du neuvième siècle, l'Italie était en proie à l'anarchie et à la confusion. L'empereur d'Orient possédait la Pouille et la Calabre ; les Lombards Bénéventins s'étaient rendus indépendants ; plusieurs villes maritimes s'étaient érigées en républiques. Dès l'an 827, les Sarrasins avaient conquis l'île de Sicile ; ils avaient pris Bari, Tarente. Ils ne furent arrêtés dans leurs invasions que par le courageux pape Léon IV. En 917, un autre pape, Jean X, les bloqua sur une montagne, où il en périt un grand nombre par la famine et par le fer. Ils reparurent dix ans après, attaquèrent Pise à l'improviste, et sans le dévouement héroïque d'une femme qui sonna la cloche d'alarme, elle fût tombée en leur possession. L'an 1016, ils tournèrent leurs armes contre Salerne, qui ne put leur résister, et ses habitants rachetèrent

QUESTIONS. — 52. Quelle était au neuvième siècle la situation de l'Italie ? — De quelle ville les Sarrasins

leur vie au prix d'une forte somme d'argent. Sur ces entrefaites quarante pèlerins normands, qui revenaient de la Terre-Sainte, arrivèrent à Salerne, et, à force de reproches et d'exhortations, ranimèrent le courage des habitants, les poussèrent à prendre les armes et se mirent à leur tête. Malgré leur petit nombre, ils tombèrent sur les Sarrasins, les taillèrent en pièces et les obligèrent à se rembarquer promptement. Les libérateurs, largement récompensés par ceux qu'ils avaient sauvés, rentrèrent chez eux, racontèrent à leurs compatriotes de Normandie ce qu'ils avaient vu, et leur dirent des merveilles du pays d'où ils venaient.

53. Les fils de Tancrède de Hauteville. Robert Guiscard et Roger. Fondation du royaume des Deux-Siciles. — En 1037, les cinq fils d'un gentilhomme normand nommé Tancrède de Hauteville, Guillaume, Drogon, Humfroy, Roger et Robert Guiscard ou l'Avisé, allèrent se mettre au service des Grecs pour chasser les Sarrasins de la Sicile. Ils n'avaient avec eux qu'un petit nombre de compagnons, mais tous d'un courage intrépide. Guillaume tua le général ennemi et délivra l'île. Il ne rapporta cependant de cette expédition que le surnom de Bras-de-fer. Les Grecs, avec leur mauvaise foi ordinaire, refusèrent aux valeureux Normands leur part du butin. Les Normands furieux tournèrent leurs armes contre

s'emparèrent-ils ? — Par qui les habitants de Salerne furent-ils délivrés ? — 53. Racontez les hauts faits des fils de Tancrède de Hauteville. — De quelle province Guil-

leurs ingrats alliés, les battirent, et cette victoire fut suivie de la conquête de la Pouille. Guillaume prit le titre de comte ; il partagea la province en douze comtés, qu'il soumit au régime féodal : Amalfi en fut la capitale. Il mourut en 1046. Drogon, son frère, lui succéda ; mais il fut assassiné par les Grecs. Aussitôt Roger et Robert accoururent au secours de leur frère Humfroy et l'aidèrent à venger la mort de Drogon.

Robert, qui était parti de la Normandie avec cinq cavaliers et trente fantassins, s'était posté sur les Apennins, dans un vieux château fort, d'où il sortait pour faire des excursions dans le pays d'alentour et enlever par violence des armes et des chevaux. Les empereurs d'Allemagne et d'Orient, le pape lui-même, se liguèrent contre les aventuriers normands. Le pape Léon IX fut battu à Civitella et fait prisonnier par eux à Bénévent, où il s'était réfugié ; mais, saisis de respect pour ce vénérable pontife, ils se prosternèrent devant lui, le conjurant de leur accorder, comme fief de l'Église, toutes les conquêtes qu'ils avaient faites et qu'ils feraient dans l'Italie méridionale. Le pape y consentit, et tel fut le premier acte de suzeraineté du Saint-Siége sur le royaume des Deux-Siciles.

Robert Guiscard acheva la conquête du royaume de Naples, et il conçut même le hardi projet de se rendre également maître de l'empire d'Orient.

laume se rendit-il maître ? — Quelle conquête Robert fit-il ensuite ? — Comment fut fondé le royaume des Deux-

Après diverses expéditions contre les Allemands en faveur du pape Grégoire VII, et en dernier lieu contre les Grecs, il mourut de maladie en 1084. Après sa mort, Roger prit le titre de grand comte de Sicile et mourut en 1098. Son fils Roger II lui succéda, et en 1130 il s'intitula roi de Naples et de Sicile, duc de Pouille et prince de Capoue. Ainsi ce furent également des Normands qui fondèrent le royaume des Deux-Siciles.

54. Les républiques maritimes, Venise, Gênes et Pise. — Plusieurs villes, comme on l'a déjà dit, avaient profité de la confusion qui régnait en Italie pour se déclarer indépendantes : les plus illustres furent les villes maritimes de Venise, de Gênes et de Pise, qui tournèrent leurs vues du côté de la mer, s'enrichirent par le commerce, acquirent une puissance redoutable et finirent par être rivales et ennemies. Venise, placée au fond du golfe Adriatique, était déjà devenue importante vers le cinquième siècle, sous le patronage de l'empereur de Constantinople. A la fin du septième siècle, elle s'était donné un duc ou doge, et en 997 elle étendit sa domination sur l'Illyrie, Raguse et la Dalmatie. Plus tard, elle joua un rôle considérable dans les croisades. Gênes et Pise existaient déjà du temps des Romains. C'est aussi à la faveur des troubles et des dissensions de l'Italie qu'elles prirent de l'extension, et elles se rendirent indépendantes vers

Siciles? — 54. Donnez quelques détails sur Venise, Gênes et Pise.

l'époque de la déposition de Charles le Gros en 887. Les Génois élurent des consuls et un sénat. Il en fut de même de Pise, qui dès ce moment devint une des républiques commerçantes et maritimes les plus puissantes de l'Italie. Gênes et Pise se liguèrent pour chasser les Sarrasins de la Corse et de la Sardaigne. Mais plus tard ces deux républiques élevèrent des prétentions rivales qui furent la cause de longues haines et de guerres sanglantes.

CHAPITRE XIX.

Allemagne. — Henri II. Conrad II ; maison de Franconie. Henri III. — Le pape Grégoire VII et l'empereur Henri IV : querelle des investitures. Excommunication de l'empereur. Sa soumission. — Mort de Grégoire VII. Déposition et mort de Henri IV. Henri V ; concordat de Worms.

55. Allemagne. Henri II. Conrad II; maison de Franconie. Henri III. — L'empereur d'Allemagne, Othon III, n'avait pas laissé d'enfant. Son cousin, Henri de Bavière, lui succéda (1002), mais il eut un compétiteur dans Hermann, duc de Souabe, et l'Allemagne fut menacée d'une nouvelle guerre civile. En même temps les Polonais prenaient les armes ; leur roi Boleslas envahit

QUESTIONS. — 55. Quel prince succéda à Othon III ? — Quelles difficultés Henri de Bavière eut-il à surmonter ?

la Bohême et s'empara de la ville de Prague.
Henri II sut faire face à ces dangers; il vainquit
Hermann et repoussa les Polonais. Ensuite il
passa en Italie, où l'appelaient de graves événements. Hardouin, marquis d'Ivrée, s'était fait
proclamer roi de Lombardie, et le pape Be-
noît VIII, proscrit par une faction ennemie,
avait été forcé de quitter Rome. Henri II battit
l'armée d'Hardouin et entra dans Rome, où le
pape, rétabli dans ses [droits, le sacra empereur.

A la mort de Henri II (1024), il y eut un interrègne de deux mois. Les seigneurs, voulant se
soustraire à la domination de la puissante maison de Saxe, portèrent leurs suffrages sur un
simple comte de Franconie, Conrad, surnommé
le Salique. Prince actif et habile, Conrad II
maintint dans l'obéissance les grands vassaux,
força les Polonais à reconnaître sa suzeraineté
et rattacha à la couronne d'Allemagne le royaume
d'Arles (ancien royaume de Bourgogne), qui comprenait la Suisse, la Franche-Comté, le Dauphiné
et la Provence. Son fils Henri III, dit le Noir, lui
succéda en 1039. L'autorité de ce prince ne fut
contestée ni en Allemagne ni en Italie; de plus il
contraignit, après une guerre heureuse, le duc
des Bohémiens, Britislas, à lui payer un tribut annuel, et il rétablit sur le trône de Hongrie
Pierre, que ses sujets avaient chassé. Il laissa

— Dans quelle maison passa ensuite la couronne d'Allemagne? — Racontez les principaux faits du règne de

pour successeur son fils Henri IV, enfant de six ans (1056).

56. Le pape Grégoire VII et l'empereur Henri IV; querelle des investitures. Excommunication de l'empereur. Sa soumission. — Les empereurs d'Allemagne, qui s'étaient attribué le droit de nommer les papes, disposaient aussi, selon leur bon plaisir, de tous les évêchés de leurs États; et comme ils donnaient aux seigneurs l'investiture de leurs fiefs par le sceptre ou l'épée, symbole de l'autorité temporelle, ils donnaient aux évêques l'investiture du temporel de leur église, en leur remettant la crosse et l'anneau, symboles de l'autorité spirituelle. Les dignités ecclésiastiques étaient vendues à prix d'argent, et il se faisait un scandaleux trafic des choses saintes. Un homme énergique, le moine Hildebrand, si célèbre sous le nom de Grégoire VII, résolut de mettre un terme à ces odieux abus, d'affranchir le Saint-Siége et de rendre à l'Église son indépendance. Un concile assemblé à Saint-Jean de Latran défendit, sous peine d'excommunication, aux laïques de conférer les bénéfices ecclésiastiques, aux clercs de les recevoir d'un laïque. Le décret du concile fut porté à l'empereur, avec l'injonction de faire cesser le trafic des choses saintes et de renoncer à l'investiture par l'anneau et la crosse. Pour toute réponse, Henri IV assembla à Worms un conciliabule qui prononça la

Conrad et de son fils Henri III. — 56. Quel droit abusif les empereurs d'Allemagne s'étaient-ils arrogé? — Que fit le pape Grégoire VII? — Pourquoi Henri IV fut-il

déposition du pape. Grégoire VII excommunia l'empereur et le déclara déchu du trône comme rebelle aux injonctions du Saint-Siége. Les seigneurs allemands, réunis à la diète de Tribur, signifièrent à Henri que, si au bout d'un an il ne s'était pas fait absoudre des anathèmes de l'Eglise, ils ne le reconnaîtraient plus pour leur souverain. Alarmé de cette décision menaçante, Henri se rendit en Italie, malgré les rigueurs de l'hiver, et s'arrêta au château de Canossa, en Toscane, où se trouvait alors Grégoire VII. Là, revêtu du costume de pénitent, il attendit trois jours dans la cour du palais avant d'obtenir d'être admis en présence du pape. Enfin, le quatrième jour, Grégoire le reçut et lui accorda l'absolution.

57. Mort de Grégoire VII. Triste fin de Henri IV. Henri V; concordat de Worms. — La soumission de l'empereur n'était pas sincère. A peine revenu en Allemagne, il viola ses engagements et fut de nouveau excommunié. Les seigneurs qui avaient menacé de le déposer donnèrent la couronne à Rodolphe, duc de Souabe. Henri ne persista pas moins à soutenir la lutte. Battu dans une première bataille, il remporta une victoire décisive à Wolksheim, où périt Rodolphe (**1080**). Voyant alors son autorité rétablie en Allemagne, Henri passa en Italie, s'empara de Rome et assiégea le château Saint-Ange, où Grégoire s'était réfugié. Le pape était sur le point de tomber

excommunié ? — Comment se soumit-il ? — 57. L'empereur ne recommença-t-il pas la lutte ? — Racontez la

entre les mains de son mortel ennemi, lorsqu'il fut délivré par Robert Guiscard et ses valeureux Normands. Grégoire VII se retira à Salerne, où il mourut peu après (1085) en prononçant ces paroles : « J'ai aimé la justice et haï l'iniquité; voilà pourquoi je meurs en exil. »

Victor III et Urbain II, successeurs de Grégoire VII, poursuivirent les desseins de ce grand pontife. Henri IV vit bientôt diminuer le nombre de ses partisans, et il eut la douleur de trouver des ennemis dans sa propre famille. Ses deux fils se révoltèrent contre lui. Conrad l'aîné se soumit et mourut accablé de remords; mais le plus jeune, Henri, persista dans sa rébellion et se fit couronner empereur. Henri IV, abandonné de tous les siens, fut contraint d'abdiquer : privé de tout, il fut réduit à la triste nécessité de mendier pour vivre. Il erra ainsi de ville en ville et mourut à Liége dans une profonde misère (1106).

Henri V, le fils parricide, voulut soutenir les prétentions de son père à l'égard du Saint-Siége. Excommunié par le pape Calixte II, il se résigna, au concile de Worms (1122), à rendre à l'Église ce qui appartient à l'Église. Il fut convenu que l'empereur renoncerait à la prétention de donner l'investiture des bénéfices ecclésiastiques par l'anneau et la crosse; il se réservait seulement le privilége de donner par le sceptre aux prélats

mort de Grégoire VII et la triste fin de Henri IV. — Que fit Henri V? — Comment se termina la querelle des investitures ?

librement élus l'investiture des biens attachés à leurs dignités. Le concordat de Worms mit fin à la lutte !du sacerdoce et de l'empire, lutte connue sous le nom de *querelle des investitures*.

CHAPITRE XX.

Empire d'Orient. — Léon l'Isaurien et les iconoclastes. Michel III. Photius. Grand schisme d'Orient. — Khalifat de Bagdad. Almanzor. Haroun-al-Raschid. Almamoun. Brillante civilisation des Arabes. — Motassem. Milice turque. Les Turcs Gaznévides et Seldjoucides.

58. Empire d'Orient. Léon l'Isaurien et les iconoclastes. Michel III. Photius. Grand schisme d'Orient. — Après Héraclius, qui avait rendu quelque force à l'empire Grec, ses successeurs ne signalèrent leur règne que par des violences et des cruautés. En 726, Léon III, surnommé l'Isaurien, parce qu'il était de la ville d'Isaurie, en Asie Mineure, persécuta la religion ; il défendit, sous les peines les plus rigoureuses, d'honorer les images de Jésus-Christ, de la Vierge et des saints, et il fit détruire tous les tableaux de piété et toutes les statues, comme autant d'idoles, d'où lui est venu le nom d'iconoclaste, c'est-à-dire briseur d'images. Son fils Constantin Copronyme et son petit-fils Léon le Kazar suivirent

QUESTIONS. — 58. Que furent les successeurs d'Héraclius ? — Quelle hérésie affligea l'Eglise sous le règne de

son exemple, et pendant près d'un siècle l'hérésie des iconoclastes désola l'Orient. L'impératrice Irène voulut y mettre un terme : sur sa demande, le pape convoqua à Nicée, en Asie Mineure, un concile général qui condamna la doctrine sacrilége des iconoclastes (787). Réprimée pour quelque temps, l'hérésie reparut ensuite avec un redoublement de violences et ne s'éteignit qu'en 842, sous la régence de Théodora, qui gouverna l'empire au nom de son fils Michel III, encore enfant. Michel III, en montant sur le trône, déclara publiquement qu'il voulait prendre Néron pour modèle. Toutes les remontrances de sa mère et d'Ignace, patriarche de Constantinople, bien loin de le calmer, ne firent qu'exciter sa fureur : il confina sa mère dans un couvent, déposa le patriarche et le relégua dans l'île de Mitylène : à la place du vénérable Ignace, il mit sur le siége épiscopal de Constantinople un capitaine des gardes, nommé Photius, que le pape excommunia. Photius renvoya à Rome l'anathème lancé contre lui, se sépara de l'Église latine, et ce schisme continua jusqu'en 1054, époque où la séparation des deux Églises fut définitivement consommée par le patriarche Michel Cérulaire, sous le pontificat de Léon IX.

59. Khalifat de Bagdad. Almanzor. Haroun-al-Raschid. Almamoun. Brillante civilisation des

Léon l'Isaurien ? — Comment Michel III se conduisit-il ? — Par qui le siége épiscopal de Constantinople fut-il usurpé ? — Quelles furent les funestes suites de cette usurpation ? — 59. Par qui fut fondée la ville de Bagdad ? —

Arabes. — Almanzor, frère et successeur d'Aboul-Abbas, le fondateur de la dynastie des Abbassides, bâtit sur les rives du Tigre la ville de Bagdad, qu'il embellit de somptueux édifices, et qui devint en peu de temps une des cités les plus populeuses et les plus florissantes de l'Orient. Almahadi, fils d'Almanzor (775-785), imita la magnificence de son père ; il établit sur une route de plus de deux cents lieues des citernes et des caravansérails ou hôtelleries pour les voyageurs. Il eut pour successeur son second fils Haroun-al-Raschid (le Justicier), qui fut le plus célèbre des khalifes de Bagdad, et dont les contes des *Mille et une Nuits* ont rendu le nom si populaire. L'empereur grec Nicéphore rompit le traité conclu par Irène et envoya demander l'abolition du tribut. Pour toute réponse, le khalife envahit l'Asie Mineure avec ses innombrables bataillons. L'empereur promit de payer ; mais dès que ses frontières furent débarrassées des ennemis, il viola sa promesse. Il fut vaincu et forcé de se soumettre aux conditions que le khalife lui imposa. A la faveur d'une paix profonde, Haroun-al-Raschid encouragea les arts, les sciences, les lettres, le commerce, l'industrie. Il entretint des relations avec Charlemagne, et, à la demande du grand empereur d'Occident, il protégea les chrétiens qui allaient visiter Jérusalem. Almamoun, second fils d'Haroun (813-833), sur-

Comment s'illustrèrent les khalifes Abbassides ? — Quel fut le plus célèbre de ces khalifes ? — Quels progrès la civili-

passa tous ses prédécesseurs par son luxe et sa magnificence; mais en même temps il se montra le protecteur des littérateurs et des savants, fonda des écoles dans les principales villes de ses États, et fit traduire en arabe les meilleurs écrits de la langue grecque. Le règne de ces khalifes abbassides fut l'époque la plus brillante de la civilisation chez les Arabes. La philosophie, la poésie, les sciences, et principalement la médecine et l'astronomie, furent cultivées avec un égal succès. L'Europe emprunta aux Arabes beaucoup de connaissances utiles. Enfin, les mosquées et les palais, dont on admire encore les restes avec leurs gracieux ornements nommés arabesques, attestent aussi les progrès que l'architecture avait faits.

60. Motassem. Milice turque. Les Turcs Gaznévides et Seldjoucides. — Motassem, quatrième fils d'Haroun, succéda à son frère Almamoun. Il affaiblit sa puissance et celle de ses successeurs par la création de la milice turque. Cette milice était une garde de cinquante mille esclaves turcs, achetés en Tartarie. Ces soldats mercenaires devinrent bientôt les maîtres de l'empire, et jouèrent en Asie le même rôle que les prétoriens sous les empereurs de Rome ancienne : dans l'espace de quelques années, ils élevèrent sur le trône plusieurs khalifes, pour les déposer et les assassiner ensuite. Au milieu de ces dés-

sation avait-elle faits chez les Arabes? — 60. Comment la puissance des khalifes de Bagdad s'affaiblit-elle? —

ordres, le khalifat de Bagdad se démembra. Plusieurs petites dynasties, fondées par les Turcs devenus gouverneurs de provinces, se rendirent indépendantes. C'est l'une de ces provinces, appelée Gazna, qui donna à la Turquie la race des Gaznévides (975). Le premier Gaznévide fut Alp-Téghin, esclave turc, qui soumit à son pouvoir la Perse et porta dans l'Inde la religion du Coran. Son fils Mahmoud prit le titre de sultan et fit la conquête d'une grande partie de l'Indoustan. La dynastie des Gaznévides dura jusqu'en 1037. Les Abbassides qu'ils opprimaient appelèrent à leur secours Togrul-Beg, petit-fils de Seldjouk, chef d'une puissante tribu de Turcs. Togrul-Beg accourut, renversa les Gaznévides et entra dans Bagdad, où, avec l'assentiment du khalife, il fut proclamé maître suprême de tous les musulmans, souverain de l'Orient et de l'Occident (1059). Ainsi tomba la puissance des Abbassides, et les derniers khalifes de cette race vécurent obscurément confinés dans leur palais de Bagdad.

Qu'étaient-ce que les Gaznévides ? — Comment les Seldjoucides devinrent-ils maîtres souverains à la place des khalifes ?

CHAPITRE XXI.

La première croisade. Pèlerinages; Pierre l'Ermite. Concile de
Clermont. — Départ des premiers croisés. Armée des chevaliers. Bataille de Dorylée. Siége et prise d'Antioche; victoire des chrétiens. — Siége et prise de Jérusalem. Godefroi
de Bouillon proclamé roi. Le régime féodal en Judée. Les
assises de Jérusalem.

**61. La première croisade (1095). Pèlerinages;
Pierre l'Ermite. Concile de Clermont.** — Dans le
cours du onzième siècle, de nombreux pèlerins,
animés d'une piété fervente, faisaient le voyage
de la Terre-Sainte pour aller adorer le tombeau
de Jésus-Christ et visiter tous les lieux sanctifiés
par la présence du Sauveur. Arrivés à Jérusalem
après beaucoup de fatigues et de dangers, ils
avaient à subir de la part des Turcs[1] d'indignes
outrages et les plus mauvais traitements. Un de
ces pauvres et pieux pèlerins, natif du diocèse
d'Amiens, et nommé Pierre, pendant son séjour
à Jérusalem avait conféré avec le patriarche de
cette ville sur les moyens d'arracher la cité
sainte aux mains des infidèles. Il se rendit à

QUESTIONS. — 61. Quel était le sort des pèlerins qui
allaient visiter Jérusalem ? — Que fit Pierre l'Ermite ?

1. Les Turcs seldjoucides avaient enlevé aux Arabes la Syrie
et la Palestine.

Rome et exposa au pape Urbain II la déplorable situation des chrétiens de la Palestine. « Va, lui dit le pape, va prêcher en mon nom la guerre contre les infidèles, et, quand le moment sera venu, ma parole se fera entendre. » De l'Italie, Pierre passa en France. Monté sur une mule, le crucifix à la main, les pieds nus, le corps ceint d'une grosse corde, il parcourut les villes, les châteaux, les campagnes, racontant partout comment les lieux saints étaient profanés, les pèlerins persécutés, et, en faisant ce récit, il versait des larmes, et tous les cœurs étaient vivement émus.

En même temps, l'empereur d'Orient, Alexis Comnène, menacé par les Turcs, implorait l'assistance des princes d'Occident. Urbain II convoqua un concile à Clermont, en Auvergne (18 novembre 1095). Il parla avec une éloquence si touchante des souffrances des chrétiens d'Asie et de la nécessité de les secourir, que toute l'assemblée s'écria : « Dieu le veut! Dieu le veut! » Alors tous ceux qui promirent de s'armer pour délivrer les saints lieux reçurent l'absolution de leurs péchés, et en signe de l'engagement qu'ils prenaient, ils mirent sur leurs vêtements une croix d'étoffe rouge : de là nom de *croisés* qui leur fut donné. L'Eglise prenait sous sa protection leurs personnes, leurs familles et leurs biens.

— Quelle mission le pape Urbain II lui confia-t-il ? — Racontez ce qui se passa au concile de Clermont. —

62. Départ des premiers croisés. Armée de chevaliers. Bataille de Dorylée. Siége et prise d'Antioche; victoire des chrétiens.

— Le départ des croisés était fixé au 15 août 1096; mais la multitude, impatiente, ne put attendre si longtemps. Dès le printemps, un premier rassemblement partit sous la conduite d'un pauvre chevalier bourguignon, nommé Gautier Sans-Avoir. Pierre l'Ermite le suivit de près avec quarante mille hommes, et ensuite venait une autre troupe commandée par un prêtre allemand. Beaucoup périrent de misère ou par le fer ennemi en traversant la Hongrie et la Thrace. Ceux qui arrivèrent à Constantinople trouvèrent dans l'empereur Alexis Comnène un homme qui voulait se débarrasser d'eux; il les fit passer en Asie, où ils tombèrent sous le sabre des Turcs. L'armée des nobles se mit en marche au mois d'août. Elle comprenait cent mille chevaliers, suivis de six cent mille fantassins, hommes des villes et des campagnes, et elle était partagée en plusieurs corps, sous d'illustres chefs, tels que Hugues de Vermandois, frère de Philippe Ier, roi de France, Robert de Normandie, fils de Guillaume le Conquérant, Raymond de Saint-Gilles, comte de Toulouse, Robert, comte de Flandre, Bohémond, prince de Tarente, et son neveu Tancrède; enfin Godefroi de Bouillon, duc de la Basse-Lorraine, avec ses frères Baudouin et Eustache. L'évêque

62. Quel fut le sort des gens du peuple qui partirent les premiers pour la croisade? — De combien d'hommes se composait l'armée des chevaliers? — Quels étaient les

du Puy, en qualité de légat, représentait le pape dans cette expédition. Godefroi fut élu chef de la croisade, et le rendez-vous général était à Constantinople.

Lorsque l'empereur Alexis vit arriver dans les murs de sa capitale une si grande multitude de guerriers, il se repentit de les avoir appelés, et il eut hâte de les éloigner. Il promit de leur fournir les vivres dont ils avaient besoin, et leur prêta des vaisseaux pour passer le Bosphore. Le premier exploit des croisés en Asie fut la prise de Nicée, en Bithynie, qu'ils enlevèrent aux Turcs Seldjoucides et qu'ils laissèrent à l'empereur. De là, ils allèrent à Dorylée, dans la Phrygie, où ils mirent en pleine déroute le sultan de Roum, qui les avait assaillis avec ses innombrables cavaliers. Mais les croisés eurent bientôt à lutter contre la faim, la soif, et les ardeurs d'un soleil dévorant : les hommes et les chevaux périssaient par milliers. Enfin, ils arrivèrent sous les murs d'Antioche, en Syrie, et ce ne fut qu'après huit mois de siége et des souffrances inouïes qu'ils purent se rendre maîtres de la ville. Là, attaqués encore par une nombreuse armée de Turcs et d'Arabes, ils marchèrent résolûment à l'ennemi et, après une bataille sanglante, ils le forcèrent à s'enfuir vers l'Euphrate.

63. Siége et prise de Jérusalem. Godefroi de Bouillon proclamé roi. Le régime féodal en Judée.

principaux chefs ? — Racontez la marche des croisés, leurs victoires et leurs souffrances. — 63. Racontez le

Les assises de Jérusalem. — D'Antioche, l'armée des croisés, qui ne comptait plus que trente mille chevaliers, se dirigea vers Jérusalem. A la vue de la cité sainte, le 10 juin 1099, tous, en criant : Dieu le veut! Dieu le veut! se prosternèrent à terre en versant des larmes. La ville était défendue par quarante mille musulmans. Mais les chrétiens ne se rebutèrent pas. Enfin, le vendredi 25 juin, à l'heure où Jésus-Christ était mort, on donna l'assaut à l'aide de tours roulantes et de machines, et la ville tomba au pouvoir des chrétiens. Il fallut encore livrer des combats dans les rues et dans les maisons. Les musulmans finirent par céder. Les chrétiens, après avoir lavé leurs mains souillées de sang, allèrent pieds nus et sans armes adorer le tombeau du Sauveur, en chantant des cantiques sacrés. Godefroi de Bouillon fut proclamé roi; mais il se contenta du titre de *défenseur et de baron du saint sépulcre*, refusant de porter une couronne d'or là où le Roi des rois, le Fils de Dieu, avait porté une couronne d'épines. La victoire d'Ascalon, remportée peu après par les chrétiens, affermit le nouvel État et termina glorieusement la première croisade. La plupart des guerriers, voyant leur vœu accompli, s'en retournèrent en Europe; il ne resta avec Godefroi et Tancrède que trois cents chevaliers.

Le royaume de Jérusalem fut organisé d'après le régime féodal : il fut partagé en fiefs, et au

siége et la prise de Jérusalem. — Qui fut proclamé roi?

nombre des grands fiefs étaient les principautés d'Édesse, d'Antioche, de Galilée, le comté de Tripoli, les marquisats de Tyr et de Jaffa, la baronnie de Sidon. Les lois données au nouveau royaume, et écrites en français, furent ensuite rédigées en forme de code, connu sous le nom d'Assises de Jérusalem. Godefroi de Bouillon mourut après un an de règne (1100), et eut pour successeur son frère Baudouin.

CHAPITRE XXII.

Deuxième croisade (1147). Saint Bernard. Louis VII et Conrad. — Troisième croisade (1187). Prise de Jérusalem par Saladin. Richard Cœur-de-Lion et Philippe Auguste. — Quatrième croisade (1199). Fondation d'un empire latin à Constantinople.

64. Deuxième croisade (1147). Saint Bernard. Louis VII et Conrad. — Le royaume de Jérusalem eut sans cesse à lutter contre les infidèles, et ces luttes l'affaiblissaient. Vers 1114, sous Baudouin II, Noureddin, fils du sultan d'Alep, détruisit de fond en comble la ville d'Édesse et en massacra les habitants. L'existence du royaume naissant était menacée, et le roi, trop faible pour résister à ses ennemis, implora le secours des

— Quelle organisation fut donnée au royaume de Jérusalem ?

QUESTIONS. — 64. Pourquoi le roi de Jérusalem Bau-

princes d'Occident. Le pape Eugène III chargea saint Bernard, abbé de Clairvaux, l'homme le plus éloquent de son siècle, de prêcher la croisade en France et en Allemagne. Saint Bernard commença par la France. Depuis l'incendie de Vitry, dans lequel avaient péri un grand nombre d'habitants, le roi Louis VII était accablé de remords, et, pour calmer sa conscience, il était disposé à se rendre dans la Terre-Sainte. A l'assemblée de Vezelay, en Bourgogne, la parole de saint Bernard excita le plus vif enthousiasme. Le roi et la reine Éléonore prirent les premiers la croix, et ensuite, à leur exemple, les comtes de Toulouse, de Flandre, de Champagne, Robert de Dreux, frère du roi, plusieurs évêques, une foule de barons et de chevaliers, avec une multitude de gens du peuple. Saint Bernard passa ensuite en Allemagne. Après quelques hésitations, l'empereur Conrad III prit la croix à la diète de Spire. Il partit le premier, sans attendre Louis VII, et fit route à travers l'Asie Mineure. Son armée, trahie par des guides grecs et attaquée tout à coup par les Turcs, fut presque entièrement détruite. Conrad regagna péniblement Nicée, où Louis VII venait d'arriver. L'armée française, après avoir repoussé, sur les bords du Méandre, les Turcs qui voulaient lui barrer le passage, fut attaquée de nouveau près de Laodicée, quand elle se trouva engagée au

douin II implora-t-il le secours des chrétiens ? — Par qui fut prêchée la seconde croisade ? — Quels en furent les

milieu des montagnes de la Phrygie. Beaucoup de chevaliers périrent dans ce combat, et le roi lui-même courut les plus grands dangers. Les croisés parvinrent enfin à gagner Antioche. Louis VII se rendit à Jérusalem pour accomplir son vœu ; il y fut rejoint par Conrad, et les deux princes allèrent assiéger Damas. Mais ils ne purent s'emparer de cette ville, et ils revinrent en Europe ne ramenant que quelques débris de leur armée. Ainsi se termina la seconde croisade, sans gloire et sans conquête.

65. Troisième croisade (1187). Prise de Jérusalem par Saladin. Richard Cœur-de-Lion et Philippe Auguste. — Saladin, sultan d'Égypte, après avoir conquis la Syrie, attaqua la Judée, vainquit et fit prisonnier le roi Guy de Lusignan à la sanglante bataille de Tibériade, et s'empara de Jérusalem. Ces désastres déterminèrent la troisième croisade. Guillaume, archevêque de Tyr, vint en Europe solliciter les secours des chrétiens. Philippe Auguste, roi de France, et Richard Cœur-de-Lion, roi d'Angleterre, prirent la croix. Pour subvenir aux frais de l'expédition, les rois convinrent de lever dans leurs États une dîme extraordinaire, nommée *dîme Saladine*. L'empereur d'Allemagne, Frédéric Barberousse, prit les devants avec une armée de cent mille hommes. Les Turcs, qui s'entendaient avec Isaac l'Ange, empereur de Constantinople, les lais-

résultats ? — 65. Dans quelles circonstances fut entreprise la troisième croisade ? — Quels princes en furent

sèrent pénétrer en Thrace, les attendirent au passage et en massacrèrent un grand nombre. Frédéric lui-même périt en Cilicie, en se baignant dans les eaux glaciales du Seleſ, l'ancien Cydnus : son fils, Frédéric de Souabe, prit le commandement de l'armée. Les rois Philippe Auguste et Richard avaient renoncé à la route de terre pour se rendre dans la Palestine : ils s'étaient embarqués, Richard à Marseille, et Philippe Auguste à Gênes (1190). Le rendez-vous était en Sicile : là ils se séparèrent, non sans s'être brouillés au sujet de l'usurpateur Tancrède. Philippe arriva le premier devant Saint-Jean-d'Acre ou Ptolémaïs, que les chrétiens assiégeaient. Richard s'était arrêté en route pour enlever à Isaac Comnène, roi de Chypre, ses États. Les deux monarques, enfin réunis, poussèrent avec vigueur le siége de Saint-Jean-d'Acre, qui fut forcé de capituler. Après la prise de cette ville, Philippe Auguste, malade, revint en France. Quant à Richard, il resta en Palestine, remporta sur Saladin la bataille d'Arsur, et donna l'ordre de marcher sur Jérusalem (1192); mais il ne put se rendre maître de cette ville, malgré son irrésistible valeur. Cependant le sultan se décida à signer la paix, à accorder l'entrée de la ville sainte aux pèlerins et aux chrétiens, qui conservèrent tout le territoire compris entre Tyr et Jaffa. Richard s'embarqua pour l'Europe.

les chefs ? — Comment périt l'empereur d'Allemagne ? — Que firent les rois Philippe Auguste et Richard Cœur-

66. Quatrième croisade (1199). Fondation d'un empire latin à Constantinople. — Le royaume de Jérusalem étant toujours menacé par les infidèles, le pape Innocent III fit prêcher une nouvelle croisade par Foulques, curé de Neuilly-sur-Marne. Grâce au zèle et à la touchante éloquence d'un pauvre prêtre, une foule de barons et de chevaliers prirent la croix, entre autres Thibaut, comte de Champagne, Baudouin, comte de Flandre, Boniface II, marquis de Montferrat, Renaud de Boulogne, Simon de Montfort. L'armée prit la route de mer, et Venise fournit les vaisseaux de transport, mais à condition que les croisés aideraient la république à prendre Zara en Dalmatie. L'expédition réussit et l'on se remit en route. Sur ces entrefaites, Alexis, fils d'Isaac l'Ange, qui venait d'être dépossédé du trône de Constantinople par son frère, vint implorer le secours des chrétiens et les supplier de chasser l'usurpateur et de rendre l'empire à son père (1203). La vue de Constantinople remplit les croisés d'enthousiasme ; ils en firent le siége, qui dura peu de temps. L'usurpateur s'enfuit avec tous ses trésors, et Isaac l'Ange remonta sur le trône. Mais les Grecs, irrités des impôts dont le vieil empereur, ou plutôt son fils Alexis, les accabla pour tenir les brillantes promesses qu'il avait faites aux croisés, étranglèrent l'empereur

de-Lion ? — 66. Par qui fut prêchée la quatrième croisade ? — Racontez-en les principaux événements. — Combien de temps dura l'empire latin ?

et en élurent un autre, nommé Ducas Murtzuphle. Les croisés attaquèrent de nouveau la ville, y entrèrent au bout de trois jours, le **12** avril **1204**, et à minuit l'évêque de Soissons proclama Baudouin, comte de Flandre, empereur. Les vainqueurs se partagèrent la conquête : Venise garda les îles de Pera et de Corfou, les ports et des comptoirs à Constantinople; Boniface, marquis de Montferrat, se fit roi en Thessalie; Thomas Lascaris, empereur de Nicée, Alexis Comnène, empereur de Trébizonde, un autre Comnène, prince d'Épire. Il y eut un duc d'Athènes, des seigneurs d'Argos, de Corinthe. Le chroniqueur Villehardouin, sénéchal de Champagne, fut fait maréchal de Romanie, et son neveu prince d'Achaïe; tous se reconnurent les vassaux de Baudouin, leur suzerain. Mais cet empire latin eut un déclin rapide : sans cesse assailli par les rois bulgares et les Grecs de Nicée, privé des secours qui auraient pu assurer sa défense et sa conservation, il ne dura guère que cinquante ans. Michel Paléologue le détruisit, et fonda un nouvel empire grec (**1261**).

CHAPITRE XXIII.

Cinquième et sixième croisades (1217 et 1228). Frédéric II. — Septième et huitième croisades (1248 et 1270). Saint Louis. — Résultat des croisades. Ordres religieux et militaires. Chevalerie.

67. Cinquième et sixième croisades (1217 et 1228). Frédéric II. — Le pape Innocent III, qui voyait que la quatrième croisade n'avait été d'aucune utilité pour les chrétiens d'Orient, ne se découragea pas ; il fit décider une nouvelle croisade au concile de Latran en **1215**, mais la mort vint l'arrêter dans ses projets. Honorius III, son successeur, les continua. L'empereur d'Allemagne, Frédéric II, que le pape voulait mettre à la tête de l'expédition, refusa cet honneur, et ce fut le roi de Hongrie, André II, qui l'accepta. Jean de Brienne, roi titulaire de Jérusalem, et Lusignan, roi de Chypre, se joignirent à lui. Ils débarquèrent en Égypte et allèrent assiéger Damiette (**1218**). Cette ville tomba au pouvoir des croisés, qui marchèrent aussitôt sur le Caire. Mais surpris et arrêtés par l'inondation du Nil, et ne pouvant opérer leur retraite, ils furent forcés de faire la paix aux conditions que leur imposa le sultan Malek-Kamel : ils rendirent Damiette et

QUESTIONS. — 67. Racontez les principaux faits de la cinquième croisade. — Quel fut le chef de la sixième

regagnèrent l'Europe en emportant la vraie croix.

La sixième croisade eut pour chef l'empereur d'Allemagne, Frédéric II. Ce prince, qui depuis longtemps avait promis de prendre la croix, partit de Brindes en 1228, et débarqua à Saint-Jean d'Acre. Il entretint d'abord une correspondance scientifique avec le sultan Malek-Kamel. Au milieu de ces relations toutes pacifiques, l'empereur obtint du sultan la cession du royaume de Jérusalem, à condition que les musulmans conserveraient dans la cité sainte la mosquée d'Omar et le libre exercice de leur culte. Ce traité excita l'indignation des chrétiens. Frédéric se rembarqua, après avoir laissé à son maréchal le gouvernement de Jérusalem et de ses possessions en Palestine (1229).

68. Septième et huitième croisades (1248 et 1270). **Saint Louis.** — Dix-neuf ans après, les nouvelles les plus affligeantes arrivèrent de la Terre Sainte. Les Kharismiens, peuple barbare venu de l'Asie, avaient envahi la Syrie et massacré les chrétiens : la ville de Jérusalem était tombée au pouvoir du sultan d'Égypte. Le pape Innocent IV fit prêcher la guerre sainte au concile de Lyon. Sa voix ne fut entendue qu'en France. A cette époque, saint Louis tomba dangereusement malade à Poissy. Il fit vœu, s'il recouvrait la santé, de prendre la croix. Il guérit et voulut accomplir son vœu, malgré les craintes et les remontrances

croisade? — Que fit Frédéric? — 68. Par quel roi fut entreprise la septième croisade? — Où saint Louis aborda-
4.

de sa mère. Il fit prendre la croix à ses trois frères, aux ducs de Bourgogne et de Bretagne, au vieux comte de la Marche et au sire de Joinville, son naïf et fidèle historien. La reine Marguerite voulut suivre son époux.

Au mois d'août 1248, Louis s'embarqua à Aigues-Mortes. De Chypre, où il passa l'hiver, il fit voile vers Damiette. L'armée du sultan d'Égypte l'attendait sur le rivage de la mer. Le roi se jeta dans les flots, ayant de l'eau jusqu'aux épaules, et marcha droit à l'ennemi. Les Sarrasins prirent la fuite et abandonnèrent la ville aux chrétiens. Mais ceux-ci perdirent cinq mois à attendre les renforts que leur amenait Alphonse de Poitiers, et, quand ils se décidèrent à marcher sur le Caire, ils ne purent que s'avancer lentement, arrêtés par les inondations du Nil, et sans cesse harcelés par les ennemis. A Mansourah, les Sarrasins furent repoussés ; mais le comte d'Artois, s'étant mis imprudemment à leur poursuite, périt avec les chevaliers qui l'avaient suivi. L'armée chrétienne, décimée par la famine et les maladies, se trouva bientôt incapable de combattre et tomba au pouvoir des infidèles. Dans ce désastre, saint Louis montra une patience et une grandeur d'âme qui excitèrent l'admiration des ennemis eux-mêmes. Le sultan consentit à traiter : il exigea la restitution de Damiette et un million de besants d'or pour la

t-il ? — De quelle ville s'empara-t-il ? — Comment l'armée chrétienne tomba-t-elle au pouvoir des ennemis ? —

rançon du roi et celle de ses compagnons d'armes. Il fallut souscrire à ces conditions. Saint Louis s'embarqua pour Ptolémaïs, et il resta encore quatre ans dans la Palestine, occupé à relever les fortifications des villes et à soulager les misères des chrétiens. La mort de sa mère, à laquelle il avait confié la régence, le rappela en France (1254).

Saint Louis régna encore seize ans, mais il n'avait pas quitté la croix, et il nourrissait toujours dans son cœur la pensée d'une nouvelle croisade. La prise d'Antioche par les musulmans, le récit des maux que souffraient les chrétiens d'Orient, le déterminèrent à partir. Il emmena avec lui trois de ses fils, Robert d'Artois, son neveu, Alphonse son frère, Thibaut, comte de Champagne, roi de Navarre. L'armée débarqua sur la côte de Tunis, en Afrique (1270), et alla camper, non loin des rives de Carthage, dans une plaine sans eau et sans verdure, brûlée par les ardeurs du soleil, où elle était harcelée sans cesse par les Maures. Bientôt la peste se déclara et exerça d'affreux ravages. Un des fils du roi fut une des premières victimes. Le roi lui-même, atteint du fléau, mourut le 25 août 1270, « à la même heure que Notre-Seigneur Jésus-Christ rendit l'esprit en l'arbre de la croix. » Charles d'Anjou, arrivé sur ces entrefaites, ramena en Europe les débris de l'armée.

A quelles conditions saint Louis recouvra-t-il la liberté? — De quels soins s'occupa-t-il dans la Palestine? — Ra-

69. Résultat des croisades. Ordres religieux et militaires. Chevalerie. — Les croisades furent avant tout un grand acte de foi religieuse. Si elles ne réussirent pas à arracher la Terre Sainte aux infidèles, elles eurent des résultats importants sous le rapport de la politique, de la civilisation, du commerce et de l'industrie. Des établissements furent fondés en faveur des pauvres, des malheureux, des infirmes. Les manufactures de soie, les plantes utiles, telles que le mûrier, la canne à sucre et le maïs, furent introduites en Europe. L'art de la navigation fit d'immenses progrès. Les rapports des Européens avec les Arabes accrurent le domaine des sciences, surtout dans ce qui regarde les mathématiques, la médecine et la géographie. En outre, beaucoup de nobles, qui avaient besoin d'argent pour aller en Terre sainte, vendirent à leurs vassaux des priviléges et des franchises, et les croisades contribuèrent ainsi à l'affranchissement des serfs et à l'établissement des communes et du tiers état.

C'est aux croisades que l'Europe et la chrétienté ont dû l'institution des ordres religieux militaires. L'ordre des Hospitaliers de Saint-Jean de Jérusalem fut fondé par Gérard de Martigues en 1100, et celui des Templiers par Hugues de Payens en 1118. Comme moines, ils faisaient vœu de pauvreté et d'obéissance; comme guerriers, ils prenaient l'engagement de com-

contez la huitième croisade et la mort de saint Louis. —
69. Quels furent, sous divers rapports, les résultats des

battre les infidèles et de protéger les pèlerins.

C'est à l'époque des croisades que commença ou se généralisa l'usage des armoiries. Au milieu des grandes réunions d'hommes de pays et de langage différents, les nobles adoptèrent, comme signes de ralliement pour leurs vassaux, certains emblèmes dont ils couvraient leur bouclier, leur cotte d'armes ou leur bannière, et que plus tard les pères transmirent à leurs descendants.

La chevalerie, qui avait pris naissance avec la féodalité, brilla du plus vif éclat au temps des croisades. Dès l'âge de sept ans, l'enfant noble passait des mains des femmes dans celles des hommes, et on le confiait à quelque vaillant baron, auprès duquel il devait trouver l'exemple de toutes les vertus chevaleresques. A quatorze ans il devenait page, à quinze écuyer, et à vingt et un ans chevalier. La réception d'un chevalier était célébrée par des cérémonies religieuses et guerrières, et se terminait souvent par un tournoi. Le titre de chevalier conférait des priviléges, mais il imposait aussi des devoirs. Le chevalier promettait de craindre Dieu, de mourir pour la foi catholique, de protéger le faible, la veuve et l'orphelin.

croisades? — Quels sont les ordres religieux militaires qui furent institués pendant les croisades? — Donnez quelques détails sur les armoiries et la chevalerie.

CHAPITRE XXIV.

Italie et Allemagne. Lothaire II et Conrad III. Les Guelfes et les Gibelins. Conrad III et Frédéric Barberousse. — Première expédition de Frédéric Barberousse en Italie. État de cette contrée. Arnaud de Brescia. — Seconde expédition de Barberousse. Destruction de Milan. Troisième expédition. Bataille de Lignano.

70. Italie et Allemagne. Lothaire II et Conrad III. Les Guelfes et les Gibelins. Conrad III et Frédéric Barberousse. — Lothaire II, duc de Saxe, élu empereur d'Allemagne en 1125, l'avait emporté sur les neveux de Henri V, Frédéric de Souabe, et Conrad de Franconie, descendants de la maison des Wels (Guelfes) de Bavière. Ces deux princes ne voulurent pas reconnaître son autorité et se révoltèrent. Il leur opposa son gendre, Henri le Superbe, qui descendait des seigneurs de Wiblingen (Gibelins), et qui possédait les duchés de Bavière et de Saxe : de là l'origine de la lutte des deux puissantes maisons, qui divisa l'Allemagne au douzième siècle. Ces noms de Guelfes et de Gibelins, passant ensuite en Italie, servirent à désigner, le nom de Guelfes, les défenseurs de l'indépendance italienne, et celui de Gibelins, les partisans de l'empire.

QUESTIONS. — 70. Quels princes ne voulurent pas reconnaitre l'empereur Lothaire II? — Par qui furent-ils combattus? — Qu'étaient-ce que les Guelfes et les Gibe-

Après la mort de Lothaire II, Conrad III, duc de Franconie, fut élu empereur (1138).

Henri le Superbe, qui lui avait disputé la couronne impériale, refusa de le reconnaître. Il fut vaincu par Conrad à Winsberg en Bavière, dépouillé de ses biens et mis au ban de l'empire (1139). Conrad donna la Saxe à Albert l'Ours, marquis de Brandebourg, et la Bavière à Léopold d'Autriche. Henri le Superbe mourut peu après, et eut pour successeur son fils, Henri le Lion, qui recouvra une partie de ses domaines. Conrad mourut en 1152 et laissa le trône à son neveu Frédéric Ier Barberousse. Ce prince ambitieux, après avoir réglé toutes les affaires d'Allemagne, tourna ses vues sur l'Italie, dont il rêvait la conquête, et contre laquelle il fit plusieurs expéditions.

71. Première expédition de Frédéric Barberousse en Italie. État de cette contrée. Arnaud de Brescia. — La première expédition de Frédéric en Italie dura un an (1154-1155). Plusieurs motifs l'appelaient dans cette contrée. C'était d'abord le duc de Capoue, Robert II, qui avait été dépouillé de sa principauté par Roger, roi de Sicile, puis quelques villes qui gémissaient sous l'oppression du Milanais. Il s'empara d'Asti et de Tortone, et se dirigea immédiatement sur Rome, pour y rece-

lins ? — A qui fut donnée la couronne impériale après Lothaire II ? — Qui succéda à Conrad III ? — 71. Racontez la première expédition de Frédéric Barberousse en Italie. — Quelle révolution eut lieu à Rome ? — Com-

voir le titre d'empereur. Rome était alors gouvernée par le pape Adrien IV. Un moine, nommé
Arnaud, chassé de Brescia, sa patrie, par Innocent II, qui le condamna en 1139 pour ses prédications fanatiques, s'était réfugié en France,
d'où saint Bernard le fit expulser. De là il était
venu à Rome, en 1145, sous le pontificat d'Eugène III. Il souleva le peuple contre le pape,
qui, voyant son autorité méconnue, fut forcé de
sortir de sa capitale. Arnaud de Brescia établit à
Rome une république avec des tribuns, et pendant
dix années il en fut véritablement le souverain.
Adrien IV invoqua le secours de Frédéric Barberousse, qui accourut avec son armée. Arnaud de
Brescia se réfugia en Toscane; mais il fut livré à
l'empereur et condamné à périr par le feu.

**72. Seconde expédition de Barberousse. Destruction de Milan. Troisième expédition. Bataille
de Lignano.** — Frédéric était rentré dans ses États
depuis près de trois ans, lorsque l'arrestation
d'un évêque, ordonnée par l'empereur en Allemagne, motiva l'envoi d'un légat du pape à la
diète de Besançon. Le langage fier et hautain du
légat irrita l'empereur, qui lui ordonna immédiatement de sortir de cette ville, et la seconde
expédition de Barberousse en Italie fut décidée.
Quand il y arriva, il trouva les villes de la Lombardie partagées entre deux factions, à la tête de
chacune desquelles étaient Milan et Pavie. Celle-

ment périt Arnaud de Brescia? — 72. Quelle fut la
cause de la seconde expédition de Frédéric en Italie. —

ci se déclara pour Frédéric. Ce prince assiégea Milan ; le siége dura deux ans, et Milan ne céda qu'à la famine. L'empereur détruisit cette cité courageuse ; puis il tint une diète à Roncaglia, où il fit reconnaître le pouvoir absolu des empereurs sur l'Italie (1158). A peine de retour en Allemagne, il apprend que les Italiens ont refusé l'impôt auquel le vainqueur les avait condamnés, qu'une formidable ligue lombarde vient de se former, et que le pape Alexandre III s'en est déclaré le protecteur. Milan sortait à peine de ses ruines, et le pape avait fondé une nouvelle ville, appelée de son nom Alexandrie, au confluent du Tanaro et de la Bormida (1164). L'empereur ne rentra en Italie qu'au bout de dix ans (1174) ; mais il n'avait pu rassembler toutes les troupes sur lesquelles il comptait. Henri le Lion, chef des Guelfes, avait, par inimitié et par jalousie contre la maison de Souabe, refusé de coopérer à cette troisième expédition. Frédéric fut arrêté pendant quatre mois par le siége de la nouvelle ville d'Alexandrie, que par dérision ses partisans avaient appelée la ville de paille, parce qu'elle avait été bâtie en peu de temps avec de la boue et de la paille. Enfin, une bataille décisive fut livrée près du château de Lignano, au nord-ouest de Milan, en 1176. L'empereur fut complétement battu et son armée détruite. Il signa à Venise un traité qui assurait la tiare au pape Alexan-

Comment fut traitée la ville de Milan ? — Racontez les principaux faits de la troisième expédition de Frédéric

dre III, et l'indépendance aux villes de la ligue lombarde. De retour en Allemagne, Frédéric se vengea sur Henri le Lion ; il le mit au ban de l'empire et le dépouilla de ses domaines. Bernard de Brandebourg reçut la Saxe, Othon de Witelsbach la Bavière. Les Guelfes ne conservèrent plus que le Hanovre et le Brunswick, et les Gibelins triomphèrent en Allemagne (1180). Frédéric fit élire son fils Henri roi des Romains en 1187, et en 1190 il partit pour la croisade, où il périt en se baignant dans une rivière de Cilicie.

CHAPITRE XXV.

Italie et Allemagne. — Henri VI ; ses cruautés en Sicile. Le pape Innocent III. Othon IV. — Frédéric II : ses démêlés avec le Saint-Siége. Ligue lombarde. Bataille de Corte-Nuova. — Le grand interrègne. Charles d'Anjou en Italie. Bataille de Tagliacozzo ; supplice de Conradin (1190-1273),

73. Italie et Allemagne. — Henri VI ; ses cruautés en Sicile. Le pape Innocent III. Othon IV. — Henri VI avait vingt-cinq ans lorsqu'il succéda, comme empereur d'Allemagne, à son père Frédéric Barberousse (1190). Peu après, il hérita de la couronne des Deux-Siciles, du chef de sa

en Italie. — Où ce prince fut-il battu ? — Comment périt-il ?

QUESTIONS. — 73. Quel fut le successeur d Frédéric Barberousse ? — De quelle couronne Henri VI hérita-

femme Constance, fille de Roger II. Mais il lui fallut faire la conquête de cet héritage, et il n'en resta possesseur qu'après la mort de Tancrède, prince de la dynastie normande, que les Siciliens s'étaient donné pour roi, en haine de la domination étrangère. La Sicile, opprimée par son nouveau maître, se souleva : l'empereur réprima l'insurrection par d'atroces cruautés; tous les chefs qu'il put saisir périrent dans les supplices les plus affreux. Henri VI mourut en 1197, empoisonné, dit-on, par sa femme Constance, qui voulait venger les malheurs de sa patrie. Il laissait pour successeur un jeune enfant qui fut plus tard Frédéric II.

Au moment où l'Italie était menacée de tomber entièrement sous la domination allemande, elle trouva un défenseur énergique dans Innocent III, élu pape en 1198. Le génie de cet illustre pontife égalait sa vertu. La veuve de Henri VI lui avait confié, en mourant, la tutelle de son jeune fils Frédéric, qui avait été déjà reconnu comme roi des Romains. En Allemagne, deux prétendants, Philippe de Souabe, frère de Henri VI, et Othon de Brunswick, fils de Henri le Lion, se disputaient la couronne impériale, et ils avaient chacun leurs partisans. Le pape revendiqua le jugement de cette question et se

t-il ? — Pourquoi les Siciliens se révoltèrent-ils ? — Comment fut punie cette insurrection ? — A qui fut confiée la tutelle du jeune fils de Henri VI ? — Racontez la lutte des deux prétendants à la couronne impériale.

prononça en faveur d'Othon, qui promit de respecter l'indépendance du Saint-Siége. Mais Othon viola ses promesses lorsqu'il eut été proclamé empereur, après la mort de son rival Philippe de Souabe, qui périt assassiné. Le pape l'excommunia et présenta aux suffrages de l'Allemagne son pupille Frédéric II, qui fut couronné à Aix-la-Chapelle (1215). Toutefois, Frédéric ne fut véritablement empereur qu'en 1218, après la mort d'Othon, qui survécut quatre ans à la bataille de Bouvines, gagnée par le roi de France, Philippe Auguste.

74. Frédéric II; ses démêlés avec le Saint-Siége. Ligue lombarde. Bataille de Corte-Nuova. — Frédéric II était un prince actif et habile, mais dissimulé, fourbe et impie. Après la mort d'Innocent III, son bienfaiteur, il viola le serment qu'il avait fait d'aller secourir les chrétiens de la Palestine et de respecter les droits et les possessions du Saint-Siége. Il voulait étendre et affermir sa domination en Italie. C'était une nouvelle lutte du sacerdoce et de l'empire. Afin d'avoir à sa disposition une armée sur laquelle l'excommunication serait sans effet, il prit à sa solde vingt mille Sarrasins, qu'il transporta de la Sicile à Lucera dans la Capitanate.

Grégoire IX, élu pape en 1227, était âgé de plus de quatre-vingts ans, mais doué d'une

— 74. Quel était le caractère de Frédéric II ? — Quels étaient ses desseins sur l'Italie ? — Quelle armée prit-il à sa solde ? — Pourquoi fut-il excommunié ? — Racontez

grande énergie. Il enjoignit à l'empereur de partir pour la croisade, et, comme celui-ci inventait toujours quelque prétexte pour éluder cette injonction, il l'excommunia. Frédéric II partit eufin, mais sans faire lever l'anathème dont l'Église l'avait frappé. Pendant son absence, les villes lombardes, soutenues par le pape, formèrent une ligue pour défendre leur indépendance. Frédéric II, après avoir signé à Jérusalem, avec le sultan Maleck-Kamel, un traité qui lui attira le mépris de tous les chrétiens, revint en Italie, attaqua les Milanais et gagna sur eux la bataille de Corte-Nuova (1237). Les terres de l'Église furent envahies. Le pape Innocent IV, successeur de Grégoire IX, ne se voyant plus en sûreté à Rome, se réfugia à Lyon; il y convoqua un concile général, où il prononça l'excommunication et la déchéance de l'empereur. A cette nouvelle, Frédéric II, transporté de colère, prit sa couronne, et, la mettant sur sa tête : « On ne me l'arrachera, dit-il, qu'après que des flots de sang auront coulé. » Toutefois, la fortune lui fut contraire. Son plus jeune fils, Enzius, tomba au pouvoir des Bolonais, qui le laissèrent mourir dans une prison. Abandonné ou trahi par ses amis, Frédéric II, découragé et malade, alla mourir à Fiorenzuola, dans la Capitanate (1250).

75. Le grand interrègne. Charles d'Anjou en Ita-

son expédition en Italie. — Pourquoi fut-il excommunié de nouveau ? — 75. Qu'est-ce que le grand interrègne ?

116. Bataille de Tagliacozzo; supplice de Conradin.
— Sa mort fut suivie, pour l'Allemagne, d'une période de troubles et de désordres qui dura plus de vingt-deux ans (1250-1273), et qu'on appelle le *grand interrègne.* Frédéric II avait laissé deux fils, Conrad et Manfred. Conrad, roi de Germanie, ne survécut que peu d'années à son père. Manfred, héritier du royaume des Deux-Siciles, se crut assez puissant pour continuer la lutte contre le Saint-Siége. Le pape l'excommunia et lui opposa un rival, en offrant la couronne de Naples à Charles d'Anjou, frère de saint Louis. Ce prince ambitieux s'empressa d'accepter cette offre, passa en Italie avec vingt galères et mille chevaliers et marcha contre Manfred, qui fut vaincu et tué à la bataille de Bénévent (1266). Les Napolitains, irrités de la tyrannie des Français et des Provençaux que Charles avait amenés avec lui, se soulevèrent et appelèrent Conradin, fils de Conrad, le flattant de l'espoir de lui rendre son héritage. Il fut encore plus malheureux que Manfred. Battu à Tagliacozzo, il fut pris et livré à Charles d'Anjou, qui le fit condamner à avoir la tête tranchée. Quand on lui annonça dans sa prison son arrêt de mort : « O ma mère, dit-il, quelle triste nouvelle vous viendra de moi ! » Sur l'échafaud, au

---

— Comment les deux fils de Frédéric II se partagèrent-ils l'héritage de leur père ? — Que fit Manfred ? — A qui la couronne de Sicile fut-elle offerte ? — Quel fut le sort de Manfred ? — Racontez la défaite et la mort du

moment suprême, il jeta son gant dans la foule, comme pour appeler un vengeur, et livra sa tête au bourreau : il avait à peine dix-huit ans (1268).

Pendant que ces événements se passaient en Italie, l'Allemagne était en proie à l'anarchie. Trois princes étrangers obtinrent le titre d'empereur, mais sans aucune autorité. Tout le pouvoir était passé aux mains des grands, ducs et comtes, qui s'agrandissaient aux dépens des domaines de la couronne ; les autres nobles s'enrichissaient par le pillage ; les villes, sous prétexte de protéger leur commerce, formaient des ligues et proclamaient leur indépendance. Les électeurs voulurent enfin mettre un terme à cet état de choses, en nommant un empereur qui rétablirait l'ordre et la sécurité : ils portèrent leur choix sur Rodolphe de Habsbourg, petit seigneur de l'Argovie, possesseur de la Haute-Alsace et de quelques autres domaines (1273). Ce prince, de si médiocre fortune, devait cependant fonder la puissante maison d'Autriche.

jeune Conradin. — A quels désordres l'Allemagne était-elle alors livrée ? — Comment les électeurs voulurent-ils y mettre un terme ? — Sur quel prince portèrent-ils leur choix ?

CHAPITRE XXVI.

France et Angleterre. — Rivalité des deux pays. Philippe Ier et Guillaume le Conquérant. Guillaume II, dit le Roux. — Démêlés de Louis le Gros et de Henri Ier. Malheurs domestiques de Henri Ier. Guerre civile en Angleterre. — Avénement des Plantagenêts. Puissance de Henri II. Thomas Becket.

76. France et Angleterre. — Rivalité des deux pays. Philippe Ier et Guillaume le Conquérant. Guillaume II, dit le Roux. — La puissance de Guillaume le Conquérant, roi d'Angleterre et duc de Normandie, devait amener nécessairement une rivalité entre lui et son suzerain, le roi de France, Philippe Ier. Guillaume, irrité de quelques paroles offensantes de Philippe, marcha vers Paris, incendia la ville de Mantes, et il aurait poussé plus loin ses avantages, si la mort ne l'eût arrêté (1087). Il laissait trois fils, Robert Courte-Heuse, Guillaume le Roux, et Henri, surnommé Beau-Clerc, parce qu'il était plus instruit que ses frères. Guillaume le Roux s'empara de la couronne d'Angleterre ; Robert, quoique l'aîné, dut se contenter du duché de Normandie. Guillaume le Roux ne signala son règne que par ses violences contre ses sujets. Il périt à la chasse, atteint d'une

Questions. — 76. Quelle fut la cause de la rivalité entre les souverains de France et d'Angleterre ? — Par quels actes se manifesta d'abord cette rivalité ? — Quels étaient les fils de Guillaume le Conquérant ? — Quel est celui

flèche qu'un de ses chevaliers avait maladroitement lancée en visant un cerf (1100).

Henri, profitant de l'absence de son frère Robert, qui était parti pour la croisade, se fit proclamer roi d'Angleterre. A son retour, Robert tenta vainement de faire valoir ses droits à la couronne. Attaqué bientôt lui-même dans son duché par Henri, il fut vaincu à Tinchebray (1106), fait prisonnier et enfermé dans un château fort, où il mourut après une longue captivité. Henri resta roi d'Angleterre et duc de Normandie.

77. Démêlés de Louis le Gros et de Henri Ier. Malheurs domestiques de Henri Ier. Guerre civile en Angleterre. — En France, Louis VI, dit le Gros, avait succédé en 1108 à son père Philippe Ier. Il employa les dix premières années de son règne à réprimer l'insubordination et les brigandages des barons, vassaux du domaine de la couronne, et, à force d'activité et de courage, il fit respecter son autorité. Pour abaisser la puissance du roi d'Angleterre, Louis le Gros soutint le fils de Robert, le jeune Guillaume Cliton, qui revendiquait le duché de Normandie. Henri Ier lui déclara la guerre, le battit à Brenneville (1119) et le força d'abandonner la cause de Guillaume Cliton.

A quelque temps de là Henri fut cruellement

qui prit la couronne d'Angleterre ? — Comment périt Guillaume le Roux ? — Qui lui succéda ? — Comment Henri Ier s'empara-t-il du duché de Normandie ? — 77. Comment Louis le Gros employa-t-il les premières années de son règne ? — Quelle cause amena les hosti-

frappé dans ses plus chères affections. Au moment où il allait s'embarquer au port de Barfleur pour retourner en Angleterre, un homme de Normandie nommé Thomas vint le supplier de monter sur son vaisseau, nommé *la Blanche Nef ;* Henri refusa, parce qu'il avait déjà choisi le navire sur lequel il devait passer ; mais il lui confia ses fils Guillaume et Richard et tout leur cortége, composé de trois cents personnes des plus nobles familles. Pendant la nuit, le patron dirigea mal son vaisseau, qui frappa violemment contre des écueils et s'entr'ouvrit aussitôt. Tous les passagers périrent, à l'exception d'un pauvre boucher, nommé Bérold, qui resta seul pour faire le récit de la fatale catastrophe. Le roi Henri fut accablé d'une douleur si profonde, que jamais depuis on ne le vit sourire. Il n'avait plus qu'une fille, Mathilde, qui, veuve de l'empereur Henri V, épousa en secondes noces Geoffroy, comte d'Anjou, surnommé Plantagenêt, parce qu'il avait l'habitude de mettre à son chaperon une branche de genêt. Henri Ier, en mourant (1135), désigna sa fille pour lui succéder. Mais Étienne de Blois, petit-fils de Guillaume le Conquérant par sa mère, se hâta d'arriver à Londres et se fit proclamer roi. Cette usurpation fut pour l'Angleterre la cause d'une longue et déplorable guerre civile. Enfin Étienne, ayant perdu son fils unique,

lités entre ce prince et Henri Ier? — Racontez le naufrage de la *Blanche Nef.* — A qui le roi Henri laissait-il la couronne? — Par qui fut-elle usurpée ? — Comment

consentit à traiter : il devait conserver la couronne jusqu'à sa mort, et reconnaissait pour son héritier et son successeur Henri Plantagenêt, le fils de Mathilde et de Geoffroy.

78. Avénement des Plantagenêts. Puissance de Henri II. Thomas Becket. — Étienne mourut en 1154. Henri d'Anjou fut reconnu roi d'Angleterre sous le nom de Henri II et commença la dynastie des Plantagenêts. Deux ans auparavant il avait épousé Éléonore de Guyenne, répudiée par Louis VII, son premier époux, et qui lui avait apporté en dot l'Aquitaine, la Gascogne, le Poitou, avec la suzeraineté sur la Saintonge, l'Auvergne, le Périgord et l'Angoumois; de plus, il tenait de sa mère la Normandie et le Maine, et de son père l'Anjou et la Touraine. Avec cette grande puissance, Henri II aurait été un vassal redoutable pour la couronne de France, s'il n'eût point compromis lui-même son autorité en voulant attenter aux libertés de l'Église. Jusqu'alors le clergé avait joui du privilége de se juger lui-même, c'est-à-dire que les ecclésiastiques n'étaient justiciables que de leur évêque. Le roi voulut ramener les clercs sous la juridiction royale, et il supprima leurs priviléges dans un parlement tenu à Clarendon. Thomas Becket osa lui résister et défendre l'Église. Le roi irrité confisqua les biens du prélat, qui se réfugia en France auprès de Louis VII; cet exil dura six ans. Henri II,

se termina la guerre civile? — 78. Quelle était la puissance du roi d'Angleterre Henri II? — Racontez ses dé-

cédant enfin aux sollicitations de Louis VII, consentit à se réconcilier avec Thomas Becket, qui retourna à Cantorbéry. Mais le roi, apprenant en Normandie, où il se trouvait alors, que l'archevêque était toujours résolu à défendre les droits de l'Église, s'écria dans un accès de colère : « Eh quoi ! pas un de ces lâches chevaliers que je nourris à ma table n'ira me délivrer de ce prêtre qui me fait injure ? » Ces paroles homicides ne furent pas prononcées en vain. Quatre chevaliers partirent aussitôt et, pénétrant dans la cathédrale de Cantorbéry au moment où commençait l'office des vêpres, ils assassinèrent l'archevêque au pied de l'autel. Henri protesta vainement de son innocence : il fut obligé de s'humilier, de révoquer les constitutions de Clarendon et de se soumettre. La fin du règne de Henri II fut aussi triste que les commencements en avaient été heureux : il perdit deux de ses fils, Geoffroy et Henri Court-Mantel, et ses deux autres fils, Richard Cœur-de-Lion et Jean Sans-Terre, se révoltèrent contre lui. Le malheureux père succomba sous le poids de sa douleur (1189).

mêlés avec Thomas Becket. — De quelles douleurs fut-il attristé dans les dernières années de son règne ?

CHAPITRE XXVII.

Philippe Auguste et Richard Cœur-de-Lion. Guerre entre ces deux princes. Jean Sans-Terre : il perd ses possessions françaises. — Coalition contre la France. Victoire de Philippe Auguste à Bouvines. La grande charte ; déposition de Jean Sans-Terre. — Saint Louis et Henri III. Saint Louis vainqueur à Taillebourg et à Saintes. Lutte de Henri III et de ses barons.

79. Philippe Auguste et Richard Cœur-de-Lion. Guerre entre ces deux princes. Jean Sans-Terre : il perd ses possessions françaises. — Philippe Auguste régnait en France depuis 1180, lorsque Richard Cœur-de-Lion monta sur le trône d'Angleterre en 1189. Ces deux princes se réunirent pour la troisième croisade, mais ils ne tardèrent pas à se brouiller et à se séparer. Philippe Auguste, après la prise de Ptolémaïs, retourna en France pour veiller aux intérêts de son royaume. Richard resta dans la Palestine, où il acquit un grand renom de vaillance par ses exploits contre les infidèles. A son retour en Europe, il fut arrêté sur les terres du duc d'Autriche et livré à l'empereur d'Allemagne, qui le retint prisonnier. Jean profita de l'absence de son frère pour s'em-

Questions. — 79. Quels sont les deux rois qui s'unirent pour la troisième croisade ? — Restèrent-ils longtemps unis ? — Par qui Richard fut-il retenu prisonnier à son retour de la croisade ? — Que fit Jean Sans-Terre

parer du pouvoir et se ligua avec le roi de France. Richard, rendu à la liberté après quinze mois de captivité, n'eut qu'à se montrer pour rétablir son autorité. Ensuite il fit la guerre à Philippe Auguste, mais sans résultat sérieux. Grâce à l'intervention du pape, les deux princes signèrent une trêve de cinq ans, et peu après Richard alla se faire tuer devant le château de Chalus, qu'il assiégeait pour s'emparer d'un trésor que son vassal le vicomte de Limoges y avait, dit-on, caché (1199).

La couronne d'Angleterre appartenait légitimement au jeune Arthur de Bretagne, fils de Geoffroy. Jean Sans-Terre s'en empara et fit assassiner son neveu. Cité, pour ce meurtre, devant la cour des pairs, il refuse de comparaître; la cour le condamne à perdre toutes celles de ses provinces qui relevaient de la couronne de France. Philippe Auguste se hâte d'exécuter la sentence, et soumet en peu de temps la Normandie, l'Anjou, le Maine, la Touraine et le Poitou.

80. Coalition contre la France. Victoire de Philippe Auguste à Bouvines. La grande charte; déposition de Jean Sans-Terre. — Jean Sans-Terre, furieux de la perte de ses provinces, forma contre Philippe Auguste une redoutable coalition, dans laquelle entrèrent les comtes de Flandre et de

pendant l'absence de son frère? — Racontez la guerre de Richard avec Philippe Auguste et sa mort. — Qui était son légitime héritier? — Que fit Jean Sans-Terre? — Quelle sentence fut prononcée contre lui? — 80. Où et par qui la coalition que Jean avait formée contre la

Boulogne et l'empereur Othon IV. Les princes confédérés se croyaient si sûrs du succès, qu'ils s'étaient déjà partagé la France. La grande et décisive victoire de Bouvines remportée par Philippe Auguste détruisit toutes leurs espérances (1214). Jean, vaincu, s'était honteusement enfui en Angleterre : là il eut d'autres embarras. Les barons, indignés de sa lâcheté et fatigués de sa tyrannie, se soulevèrent et l'obligèrent à signer la grande charte, qui mettait des limites au pouvoir royal et assurait en les étendant les libertés de la nation (1215). Le roi jura ; mais à peine les barons se furent-ils séparés, qu'il viola son serment. Les grands vassaux prirent de nouveau les armes, prononcèrent sa déposition et offrirent la couronne à Louis de France, dont la femme, Blanche de Castille, était fille d'une sœur de Jean. Louis fit son entrée à Londres dans les premiers jours de mai 1216. Mais la mort de Jean vint changer la face des affaires et calma la haine des seigneurs, qui ne voulurent pas rendre le jeune fils du roi responsable de la conduite odieuse de son père. Ils le proclamèrent sous le nom de Henri III, et ils abandonnèrent Louis, qui fut contraint de revenir en France.

81. Saint Louis et Henri III. Saint Louis vainqueur à Taillebourg et à Saintes. Lutte de Henri III et de ses barons. — Louis VIII, dans un règne

France fut-elle vaincue ? — Racontez ce qui se passa ensuite en Angleterre. — 81. Quels furent les résultats du règne de Louis VIII et de la régence de Blanche de

très-court (1223-1226), continua l'œuvre de son père Philippe Auguste : il enleva aux Anglais tout ce qu'ils possédaient encore en France, à l'exception de la Guyenne. De plus, il prépara la réunion du Languedoc à la couronne, en acceptant le legs du comté de Toulouse que lui fit Amaury de Montfort. Louis VIII transmit la couronne à son fils aîné Louis IX, âgé de douze ans. La régence fut confiée à Blanche de Castille, mère du jeune roi. Cette princesse, qui eut à lutter contre quelques grands vassaux mécontents de voir une femme et une étrangère maîtresse de l'autorité suprême, gouverna la France avec une sagesse et une fermeté admirables, et elle remit à son fils, majeur en 1236, un pouvoir craint et respecté.

En 1242, Hugues de Lusignan, comte de la Marche, ayant refusé l'hommage qu'il devait à Alphonse, comte de Poitiers, frère du roi, fut soutenu dans sa rébellion par le roi d'Angleterre, Henri III, qui espérait recouvrer les territoires que son père avait perdus. Louis IX marcha contre les Anglais, les battit à Taillebourg et à Saintes, et Henri III fut trop heureux d'obtenir la paix. Plus tard, par le traité de 1259, saint Louis, qui sacrifiait toujours l'intérêt à la justice, et qui doutait de la légitimité des conquêtes faites par ses prédécesseurs, restitua au roi

Castille ? — Quelle tentative fit le roi d'Angleterre Henri III ? — Où fut-il vaincu ? — Quelles furent les conditions du traité que saint Louis conclut avec lui ? — Pourquoi les barons anglais se révoltèrent-ils contre le

8.

d'Angleterre l'Agénois, le Quercy, le Limousin et la Saintonge, sous la condition de la vassalité ; Henri III, de son côté, renonça à tout droit sur la Normandie, la Touraine, l'Anjou, le Maine et le Poitou.

En Angleterre, Henri III avait soulevé contre lui toute la nation en abolissant la grande charte. Les barons prirent les armes, ayant pour chef un Français naturalisé Anglais, Simon de Montfort, comte de Leicester, le plus jeune des fils du vainqueur des Albigeois. L'armée royale fut battue à Lewes (1264), et le roi fait prisonnier avec son fils le prince Édouard. Simon de Montfort, devenu tout-puissant, voulut faire participer au gouvernement les communes, dont les milices lui avaient assuré la victoire. Aux lords, qui jusqu'alors avaient fait seuls partie du parlement, il adjoignit deux chevaliers pour chaque comté et deux citoyens ou bourgeois pour chaque cité ou bourg. Ces nouveaux députés tinrent d'abord leur séance dans la même chambre que les lords ; mais ensuite ils se réunirent à part et formèrent une assemblée particulière qui fut la *chambre des communes.*

Cependant le prince Édouard parvint à s'échapper de prison, et, ralliant autour de lui les partisans du roi, il attaqua près d'Evesham Simon de Montfort, qui fut vaincu et tué (1265).

roi ? — Qui était le chef de cette insurrection ? — Quelles réformes le comte de Montfort introduisit-il dans le gouvernement ? — Racontez la défaite et la mort du comte de Montfort.

Henri III recouvra l'exercice de l'autorité souveraine, mais avec le maintien du parlement.

CHAPITRE XXVIII.

Édouard Ier, roi d'Angleterre. Guerre avec l'Écosse. William Wallace. Robert Bruce. — Philippe III. Vêpres siciliennes. Philippe IV ou le Bel. Ses démêlés avec le pape Boniface VIII. — Édouard II. Bataille de Bannockburn. Mort d'Édouard II. Les fils de Philippe le Bel.

82. Édouard Ier, roi d'Angleterre. Guerre avec l'Écosse. William Wallace. Robert Bruce. — Édouard Ier, qui succéda à son père Henri III (1272), était un prince actif, vaillant et habile. Il forma le dessein d'étendre sa domination sur toute la Grande-Bretagne, par la conquête du pays de Galles et de l'Écosse, qui jusqu'alors avaient conservé leur indépendance. Après une longue résistance et la mort de leurs chefs, les Gallois furent forcés de se soumettre (1284), et depuis cette époque le titre de prince de Galles fut donné à l'héritier présomptif de la couronne d'Angleterre.

En 1291, la descendance des rois d'Écosse venait de s'éteindre par la mort d'Alexandre III et de sa petite-fille Marguerite de Norwége. Deux

Questions. — 82. De quel pays Édouard Ier fit-il la conquête? — Comment fut-il appelé à intervenir dans les affaires de l'Écosse? — Comment Baliol perdit-il la

prétendants, Jean Baliol et Robert Bruce, se disputèrent la couronne. Le parlement écossais choisit pour arbitre le roi d'Angleterre, qui se prononça en faveur de Jean Baliol, à condition que celui-ci le reconnaîtrait pour son suzerain. Baliol accepta, mais bientôt il voulut se rendre indépendant, fit la guerre à Édouard, fut battu et fait prisonnier; l'Écosse fut obligée de recevoir un gouverneur anglais.

Un simple gentilhomme, William Wallace, renommé pour sa bravoure, voulut rendre l'indépendance à son pays. Vainqueur à Stirling (1297), il fut défait à Falkirk l'année suivante et livré par un traître à Édouard, qui le fit décapiter. L'Écosse retomba encore sous le joug de l'Angleterre; mais elle trouva un nouveau défenseur dans Robert Bruce, petit-fils de l'ancien concurrent de Baliol. Robert Bruce fut proclamé roi, et toute la nation se souleva pour s'affranchir de la domination étrangère. Édouard Ier marchait contre l'Écosse avec une armée considérable, lorsqu'il mourut en 1307, après avoir recommandé à son fils de ne laisser aux Écossais ni trêve ni repos jusqu'à ce qu'ils fussent entièrement soumis.

83. Philippe III. Vêpres siciliennes. Philippe IV ou le Bel. Ses démêlés avec le pape Boniface VIII. — Le règne de Philippe III, qui dura quinze ans,

couronne? — Quel fut le sort de l'Écosse? — Racontez ce que firent Wallace et Robert Bruce pour rendre l'indépendance à leur pays. — 83. Quelles acquisitions fit

n'offre de remarquable que l'agrandissement du domaine royal par la mort d'Alphonse, comte de Poitiers, et de sa femme Jeanne, comtesse de Toulouse, qui ne laissaient point de postérité (1271), et par celle de Pierre, autre fils de saint Louis, comte du Perche et d'Alençon (1283). Leur riche succession revint de droit à la couronne. En 1275, il maria son fils aîné Philippe à Jeanne, fille de Henri, comte de Champagne et roi de Navarre, et mourut à Perpignan, au retour d'une expédition contre l'Aragon. Trois ans auparavant, les Siciliens, indignés du despotisme de Charles d'Anjou, leur roi, formèrent un terrible complot, et le lundi de Pâques, 30 mars 1282, ils massacrèrent tous les Français pendant les vêpres. La Sicile se donna à Pierre III, roi d'Aragon, et fut définitivement perdue pour la maison d'Anjou.

Philippe IV le Bel, dès son avénement au trône, se débarrassa, par un traité, de la guerre d'Aragon que son père, Philippe III, lui avait léguée. Pour abaisser son puissant vassal, le roi d'Angleterre, Édouard Ier, il envahit la Guyenne, et peut-être il l'aurait soumise, si l'intervention du pape Boniface VIII n'eût décidé les deux princes à se réconcilier : Philippe mariait sa fille Isabelle à l'héritier présomptif de la couronne d'Angleterre.

la couronne de France à l'avénement de Philippe III ? — Racontez les Vêpres siciliennes. — Quels furent les premiers actes de Philippe le Bel ? — Racontez la guerre de Flandre. — Par quels autres faits le règne de Phi-

Philippe le Bel attaqua ensuite la Flandre pour punir le comte de ce pays, Guy de Dampierre, qui avait fomenté une coalition contre la France. Le comte, incapable de résister, se livra à Philippe, qui le jeta dans une prison. Les Flamands se soulevèrent contre la domination française : vainqueurs à Courtray (1302), battus à Mons-en-Puelle, ils obtinrent la paix et recouvrèrent leur indépendance, en cédant au roi de France la partie de la Flandre qui était comprise entre la Lys et l'Escaut, avec Lille, Douai et Béthune (1305). Le règne de Philippe le Bel fut encore marqué par ses démêlés avec Boniface VIII, ses odieuses violences contre ce souverain pontife, et par l'abolition de l'ordre des Templiers, dont les immenses richesses furent confisquées au profit du trésor royal.

84. Edouard II. Bataille de Bannockburn. Mort d'Édouard II. Les fils de Philippe le Bel. — Édouard II, prince faible et insouciant, se laissa dominer par les favoris auxquels il prodiguait l'argent du trésor et les dignités. Pour apaiser le mécontentement que sa conduite excitait, il voulut reprendre les desseins de son père Édouard Ier contre l'Écosse. Arrivé près de Stirling, dans un lieu appelé Bannockburn, il se trouva en présence de l'armée écossaise, que Robert Bruce commandait. Le matin, avant la ba-

lippe le Bel fut-il signalé ? — 84. Quel était le caractère d'Édouard II ? — Quelle expédition entreprit-il ? — Racontez la bataille de Bannockburn. — Pourquoi

taille, les Écossais se mirent en prières : un prêtre, le crucifix à la main, parcourut tous les
rangs, exhortant les soldats à combattre avec
courage pour leur liberté. Comme ils s'agenouil-
laient sur son passage, Édouard s'écria : « Ils se
mettent à genoux! ils demandent pardon! —
Oui, répondit un baron anglais; mais c'est à
Dieu qu'ils demandent pardon, et non à nous. »
Robert Bruce remporta une éclatante et décisive
victoire, qui assura l'indépendance de l'Écosse
(1314).

L'humiliante défaite qu'Édouard avait subie
accrut la haine des barons pour leur souverain.
Déjà, une première fois, ils s'étaient soulevés et
avaient forcé le roi à leur livrer son favori, Pierre
Gaveston, qui fut décapité. A Gaveston succéda
un autre favori, nommé Hugues Spencer. Les barons prirent encore les armes, et la reine Isabelle, qui ambitionnait le pouvoir, fit cause
commune avec eux contre son époux. Hugues
Spencer fut pris et pendu. Le malheureux Édouard
fut déposé par un arrêt du parlement et enfermé
dans un château, où peu après il périt assassiné
(1327).

Philippe IV avait laissé trois fils, Louis X le
Hutin ou le Querelleur, Philippe V le Long,
Charles IV le Bel, qui régnèrent successivement
de 1314 à 1328. Aucun de ces princes n'ayant
laissé de postérité mâle, il fut décidé, par l'in-

les barons se révoltèrent-ils contre le roi ? — Quelle fut
l'issue de cette lutte ? — Après le règne des fils de Phi-

terprétation d'un article de la loi salique, que les femmes étaient exclues de la succession à la couronne. Philippe de Valois[1], neveu de Philippe le Bel, fut proclamé roi sous le nom de Philippe VI.

CHAPITRE XXIX.

Philippe de Valois, roi de France. Édouard III, roi d'Angleterre. La guerre de Cent ans. — Combat naval de l'Écluse. Bataille de Crécy. Siége et prise de Calais. — Bataille de Poitiers. Charles V. Le connétable Duguesclin.

85. Philippe de Valois, roi de France. Édouard III, roi d'Angleterre. La guerre de Cent ans. — Édouard III, petit-fils de Philippe le Bel par sa mère Isabelle, prétendait avoir des droits à la couronne de France, et il protesta contre la décision qui avait appelé au trône Philippe de Valois. Les ambitieuses prétentions du roi anglais furent la cause principale d'une longue et sanglante guerre entre les deux nations. Cette lutte mémorable, connue sous le nom de *guerre de Cent ans*, eut deux périodes distinctes : l'une

lippe le Bel, quelle décision fut prise au sujet de la succession à la couronne ?

QUESTIONS. — 85. Quelles étaient les prétentions d'Édouard III? — A quelle guerre ces prétentions don-

1. Il était fils de Charles de Valois, frère de Philippe le Bel.

qui s'étend depuis 1337 jusqu'en 1380, et l'autre depuis 1415 jusqu'en 1453.

Édouard III avait pour alliés les Flamands, qui tiraient de l'Angleterre la laine avec laquelle ils tissaient leurs draps. Très-jaloux de leur liberté et de leurs franchises, ils chassèrent leur comte, Louis de Nevers, qui avait violé leurs priviléges. Philippe VI marcha contre eux avec toute la chevalerie française, les battit à Cassel (1328) et les força de rentrer sous l'obéissance du comte. Quelques années après, ils se soulevèrent de nouveau, ayant pour chef un riche brasseur, Jacques Arteveld, qui se fit maître souverain dans la ville de Gand. Pendant ce temps, Édouard III, profitant de la minorité de David, fils et successeur de Robert Bruce, établissait son autorité en Écosse. Débarrassé de cette guerre, il se prépara à passer sur le continent, et pour engager définitivement dans son parti les Flamands, qui hésitaient à se déclarer contre Philippe VI, il se décida, d'après les conseils d'Arteveld, à prendre le titre de roi de France (1337).

86. Combat naval de l'Écluse. Bataille de Crécy. Siége et prise de Calais. — La flotte française était stationnée près de l'Écluse, dans une anse de la mer du Nord, pour intercepter les communications de la Flandre avec l'Angleterre. Édouard III l'attaqua et la détruisit (1340). Une

nèrent-elles lieu ? — Que se passa-t-il en Flandre ? — Comment Edouard III décida-t-il les Flamands à embrasser son parti ? — 86. Quelle défaite la flotte fran-

trêve suspendit un moment les hostilités. La rivalité de Charles de Blois et du comte de Montfort, qui se disputaient le duché de Bretagne, soutenus, le premier par le roi de France, le second par le roi d'Angleterre, ralluma la guerre. Édouard, guidé par un traître, Geoffroy d'Harcourt, débarqua en Normandie, dévasta cette province et poussa ses ravages jusqu'aux environs de Paris. Forcé de se replier vers la Picardie à l'approche des forces considérables que Philippe conduisait, il s'arrêta à Crécy, près d'Abbeville, et là il livra cette fameuse bataille qui fut pour l'armée française le plus terrible désastre (1346). Dans cette journée, le jeune prince de Galles, si célèbre depuis sous le nom de prince Noir[1], gagna vaillamment ses éperons. Édouard profita de sa victoire pour assiéger la ville de Calais, qui résista onze mois et ne se rendit que forcée par la famine. Les habitants furent chassés de leur patrie, et Calais, repeuplé par des familles d'Angleterre, resta pendant deux siècles une porte ouverte aux invasions des ennemis de la France.

87. Bataille de Poitiers. Charles V. Le connétable Duguesclin. — Le fils de Philippe VI, Jean II, dit le Bon ou le Brave (1350), prince

çaise éprouva-t-elle? — Racontez l'invasion d'Édouard III en France, la bataille de Crécy et la prise de Calais. — 87. Quel était le caractère de Jean le Bon? — Racontez la bataille de Poitiers. — Quelles furent les conditions

---

1. Ainsi nommé à cause de la couleur de son armure.

téméraire et emporté, n'était pas capable de relever les affaires du royaume. Par ses violences il poussa son gendre, Charles le Mauvais, roi de Navarre, à s'allier avec Édouard III, qui attendait une occasion pour recommencer la guerre. Le prince Noir partit de Bordeaux, et, après avoir ravagé le Limousin, l'Auvergne, le Berry, il se dirigeait vers le Poitou pour rentrer en Guyenne, lorsque l'armée française lui barra le chemin près de Poitiers. Là, comme à Crécy, la discipline et le sang-froid des Anglais triomphèrent de la témérité et de la bravoure aventureuse de la noblesse française (1356). Jean fut fait prisonnier et conduit à Bordeaux, puis à Londres.

Le fils aîné de Jean, le Dauphin Charles, prit en main le gouvernement avec le titre de lieutenant du roi de France ; mais il vit son autorité contestée par la bourgeoisie parisienne, que soutenait Charles le Mauvais. Aux maux de la guerre étrangère vinrent s'ajouter les horreurs de la guerre civile. Enfin Édouard III consentit à signer la paix. Par le traité de Brétigny (1360), le roi d'Angleterre renonçait à ses prétentions sur la couronne de France ; mais on lui abandonnait en toute souveraineté l'Aquitaine, le Poitou, le Limousin, l'Angoumois, le Périgord et le Rouergue.

Charles V, devenu roi après la mort de Jean

du traité de Brétigny ? — Comment Charles V gouvernat-il ? — A qui confia-t-il le commandement de ses armées ? — Quels furent les succès de Duguesclin ?

(1364), se montra aussi habile que prudent. Après avoir apaisé les troubles du royaume, rétabli l'ordre dans les finances et refait une bonne armée dont il confia la commandement à l'illustre Bertrand Duguesclin, il se sentit assez fort pour recommencer la guerre. Édouard III était vieux et le prince Noir affaibli par une maladie de langueur. Duguesclin, à force d'activité, de courage et de prudence, chassa les Anglais de toutes les provinces qu'ils occupaient, et en 1380 ils ne possédaient plus en France que Calais, Bordeaux et Bayonne.

CHAPITRE XXX.

Charles VI, roi de France. Meurtre du duc d'Orléans. Armagnacs et Bourguignons. — Bataille d'Azincourt. Traité de Troyes. Henri V d'Angleterre proclamé roi de France. — Charles VII. Jeanne d'Arc. Expulsion des Anglais.

88. Charles VI, roi de France. Meurtre du duc d'Orléans. Armagnacs et Bourguignons. — Les troubles dont le royaume d'Angleterre fut le théâtre après la mort d'Édouard III, et qui seront racontés plus loin, suspendirent jusqu'à l'année 1415 la guerre avec la France. Charles VI n'avait que douze ans lorsqu'il succéda à son père Charles V. Le temps de

QUESTIONS. — 88. Qui s'empara de l'administration du royaume pendant la minorité de Charles VI? — Ce

sa minorité fut indignement exploité par ses trois oncles, les ducs d'Anjou, de Berry et de Bourgogne, princes avides qui n'usèrent du pouvoir que pour s'enrichir en accablant le peuple de nouveaux impôts. La situation de la France devint plus déplorable encore lorsque l'infortuné Charles VI, atteint de démence, fut devenu incapable de gouverner. Le duc d'Orléans, frère du roi, et le duc de Bourgogne, Jean Sans-Peur, animés d'une haine implacable l'un contre l'autre, se disputaient l'autorité. Jean Sans-Peur fit assassiner le duc d'Orléans, et ce crime alluma la guerre civile dans tout le royaume (1407). Deux factions rivales et puissantes, les Armagnacs[1], partisans du duc d'Orléans, et les Bourguignons, partisans de Jean Sans-Peur, exercèrent tour à tour à Paris et dans les provinces d'affreux brigandages et les plus horribles vengeances.

89. Bataille d'Azincourt. Traité de Troyes. Henri V d'Angleterre proclamé roi de France. — A la guerre civile se joignit la guerre étrangère. Henri V, roi d'Angleterre, voulut profiter des troubles de la France pour faire valoir par les armes les anciennes prétentions d'Édouard III, ou du moins pour reconquérir les provinces que ses ancêtres avaient possédées. Au mois d'août 1415,

prince put-il ensuite gouverner par lui-même? — Quelle fut la cause de la guerre civile? — Quelles factions se disputèrent l'autorité? — 89. Racontez l'invasion de

1. Le comte d'Armagnac était le beau-père du fils aîné du duc d'Orléans, assassiné par Jean Sans-Peur.

il débarqua à l'embouchure de la Seine, prit Harfleur, et peu après il remporta sur l'armée française la victoire d'Azincourt, aussi décisive que celles de Crécy et de Poitiers. C'étaient les Armagnacs qui avaient infligé à la France la honte de cette défaite. Deux ans après, Henri V débarquait de nouveau en Normandie et enlevait les villes de Caen et de Bayeux ; Rouen se rendit après sept mois d'une héroïque résistance. Paris était sérieusement menacé. Le duc de Bourgogne, Jean Sans-Peur, qui jusque-là avait servi la cause du roi d'Angleterre, mais qui cependant ne se souciait pas de l'avoir pour maître, se montrait disposé à se réconcilier avec le parti armagnac et le Dauphin, lorsqu'il fut assassiné dans une entrevue qui eut lieu sur le pont de Montereau (1419). Philippe le Bon, fils de Jean Sans-Peur, indigné de ce meurtre, s'unit aux Anglais, et alors fut signé, au nom de Charles VI, le honteux traité de Troyes (1420), par lequel Henri V, gendre du roi de France, était déclaré héritier de la couronne, au détriment du Dauphin. Deux ans après, Henri V et Charles VI moururent à quelques semaines l'un de l'autre (1422).

90. Charles VII. Jeanne d'Arc. Expulsion des Anglais. — Henri V laissait un fils de dix mois. Pendant que cet enfant était proclamé à Paris et à Londres roi de France et d'Angleterre sous le nom de Henri VI, dans un château du Berry les seigneurs restés fidèles au Dauphin saluaient en lui Charles VII, le vrai roi, le roi légitime de la France. Cependant les Anglais, maîtres de tout le pays au nord de la Loire, assiégeaient Orléans. Si cette place d'armes, le dernier boulevard de la monarchie française, succombait, Charles VII, que les Anglais appelaient par dérision le roi de Bourges, voyait sa cause perdue; mais Dieu suscita, pour le salut de la France, une humble paysanne de la Lorraine. Jeanne d'Arc se rend auprès du roi à Chinon et lui expose sa mission divine; puis, animant de son enthousiasme l'armée dont le commandement lui est confié, elle délivre Orléans, met en déroute l'armée anglaise, et conduit Charles VII à Reims pour l'y faire sacrer (1429). Au siége de Compiègne, elle est faite prisonnière par les Bourguignons et vendue aux Anglais, qui la condamnent à être brûlée vive ; l'héroïque et sainte victime consomme son sacrifice sur la place du Vieux-Marché de Rouen, le 30 mai 1431. Ce crime fut fatal aux Anglais. Le sentiment national, le patriotisme, s'étaient réveillés. Charles VII lui-même secouait son indolence; ses généraux, Dunois, Lahire, Xaintrailles, Richemont, battirent partout les ennemis. La victoire de Fourmigny (1450) entraîna la conquête de la Normandie, et celle de Castillon eut pour résultat la soumission de la Guyenne et

était la situation de Charles VII ? — Par qui la France fut-elle sauvée ? — Que fit Jeanne d'Arc ? — Quelle fut sa mort? — Comment les Anglais furent-ils chassés de France ?

de Bordeaux (1453). Les Anglais, expulsés de France, ne possédaient plus que Calais. La guerre de Cent ans était finie.

CHAPITRE XXXI.

Angleterre. Richard II. Insurrection de Wat-Tyler. — Meurtre de Glocester. Tyrannie de Richard II : sa déposition. Avénement des Lancastres. — Henri IV. Révolte des lords. Henri V et Henri VI. L'Écosse sous les premiers Stuarts.

91. Angleterre. Richard II. Insurrection de Wat-Tyler. — Richard II, petit-fils d'Édouard III[1] et fils de l'illustre prince Noir, avait à peine onze ans lorsqu'il succéda à son aïeul. La minorité de cet enfant offre de tristes analogies avec celle de Charles VI en France. La tutelle de Richard avait été confiée à ses oncles les ducs de Lancastre, d'York et de Glocester, princes ambitieux et avides, qui dilapidaient à leur profit le trésor public. En 1381, l'augmentation des impôts fit éclater une grande insurrection. Un couvreur, nommé Wat-Tyler, tua un collecteur des taxes qui avait grossièrement insulté son enfant. Redoutant les suites de ce meurtre, Wat-Tyler appela aux armes les habitants de son village. Tous les paysans du comté

Questions. — 91. Qui succéda à Édouard III ? — A qui fut confiée la tutelle de Richard II ? — Racontez l'insur-

1. Édouard III était mort en 1377, et son fils, le prince Noir, un an avant.

de Kent répondirent à son appel, et bientôt l'insurrection se propageant dans les comtés voisins, soixante mille artisans et laboureurs marchèrent vers Londres pour demander au roi de les affranchir de la dure oppression sous laquelle les nobles les tenaient assujettis. Dans une entrevue qui eut lieu à Smithfield entre Richard et les insurgés, Wat-Tyler, poussant son cheval à côté de celui du roi, se mit à jouer avec une épée qu'il tenait à la main. Le lord-maire, croyant voir une intention hostile dans les gestes du couvreur, le renversa mort d'un coup de poignard. Les rebelles, en voyant tomber leur chef, devenaient menaçants, lorsque Richard, avec une présence d'esprit au-dessus de son âge (il avait alors quinze ans), s'avança vers eux et leur dit : « Mes amis, Wat-Tyler était un traître; vous n'aurez désormais d'autre chef que moi; suivez-moi, et je vous accorderai ce que vous demandez.» Ces paroles hardies déconcertent les insurgés : la plupart d'entre eux se dispersent et rentrent dans leurs foyers. Alors on s'empara des principaux chefs, qui furent décapités, et tous ceux de leurs adhérents qu'on put saisir furent pendus.

92. Meurtre de Glocester. Tyrannie de Richard: sa déposition. Avénement des Lancastres. — Lorsque Richard eut atteint sa majorité, il secoua le joug sous lequel ses oncles l'avaient tenu ;

rection de Wat-Tyler. — 92. Par quels hommes Richard se laissa-t-il dominer? — Quel prince conspira contre lui ? — Quel fut le sort de Glocester? — Comment Ri-

mais il se laissa dominer par ses favoris, Robert de Vère et Michel de la Pole, qui furent créés, le premier duc d'Irlande, et le second, duc de Suffolk et chancelier. Les barons, indignés de l'insolence de ces deux hommes, qui disposaient de toutes les dignités, s'unirent entre eux et avec les princes. Le duc de Glocester parvint même à susciter contre Michel de la Pole la chambre des communes ; accusé devant la chambre des lords, la Pole fut destitué et condamné à une amende. Le roi finit par ressaisir toute l'autorité, mais il s'attira le mépris de la nation par les désordres de sa vie et ses folles prodigalités. Glocester conspira contre lui avec les principaux seigneurs. Le roi, instruit de leurs desseins, fit arrêter le duc de Glocester et les comtes de Warwick et d'Arundel. Ce dernier fut condamné à mort et Warwick à un exil perpétuel. Quant à Glocester, enfermé dans le château de Calais, il y périt assassiné peu de temps après. Dès lors Richard, qui avait ordonné ce meurtre, ne signala plus son gouvernement que par des actes de tyrannie. Son cousin Henri de Hereford, fils du duc de Lancastre, lui inspirait des craintes ; il fut banni pour dix ans, et après la mort de son père il ne put recueillir son héritage, que Richard s'appropria. Henri, qui prit alors le titre de duc de Lancastre, résolut de faire valoir ses droits par les armes. Après s'être concerté avec ses amis d'An-

chard gouverna-t-il alors? — Que fit Henri de Lancastre ? — Racontez la défaite, la déposition et la mort

gleterre, il débarqua à Ravenspur, dans le comté d'York, où ses partisans vinrent le rejoindre, entra dans Londres et se trouva bientôt à la tête d'une armée considérable. Richard, qui était alors en Irlande, se hâta de revenir pour défendre sa couronne. Abandonné de tous, il tomba au pouvoir de Lancastre et signa, de gré ou de force, un acte d'abdication. Traduit ensuite devant le parlement, qui prononça sa déposition, il fut enfermé dans le château de Pontefract, en Écosse, où ses gardiens le laissèrent, dit-on, mourir de faim. Henri de Lancastre fut proclamé roi sous le nom de Henri IV (1399).

93. Henri IV. Révolte des lords. Henri V et Henri VI. L'Écosse sous les premiers Stuarts. — Le légitime héritier du trône était Edmond Mortimer, descendant du duc de Clarence, second fils d'Édouard III (maison d'York), tandis que la maison de Lancastre ne venait qu'en troisième ligne. L'usurpation de Henri de Lancastre fit naître plus tard une longue et sanglante guerre civile, dite la guerre des deux Roses.

Henri IV, qui retenait en captivité dans le château de Windsor Edmond Mortimer, enfant de sept ans, eut à réprimer les révoltes des seigneurs attachés à la cause du jeune prince. A ces discordes se joignit l'insurrection des Gallois, soutenus par le puissant comte de Northumberland; ils furent vaincus à la bataille de Shrews-

de Richard II. — 93. Quelles conséquences l'usurpation des **Lancastres** devait-elle avoir ? — Quels sont les prin-

bury. Après un règne de quatorze ans, Henri IV transmit la couronne à son fils Henri V (1413), qui voulut consolider par la gloire des armes la dynastie de Lancastre. L'invasion de Henri V en France, sa victoire d'Azincourt et les résultats dont elle fut suivie ont été racontés dans un chapitre précédent. Pendant la longue minorité de Henri VI, la France reconquit toutes les provinces qu'elle avait perdues. La nation anglaise, humiliée de ses défaites, se ressouvint que le grand-père de Henri VI avait usurpé la couronne, et alors commença la guerre des deux Roses, qui appartient à l'histoire moderne.

Les Stuarts, descendants de l'illustre Robert Bruce, régnaient en Écosse depuis 1371. Ce pays était livré à une déplorable anarchie. L'autorité royale était sans force : les seigneurs, souverains indépendants dans leurs domaines, se faisaient la guerre entre eux et même la faisaient au roi. Les Highlanders ou habitants des hautes terres, étaient partagés en tribus ou clans, animés d'une rivalité jalouse les uns contre les autres, et les haines se perpétuaient de génération en génération. Les premiers Stuarts, Robert III, Jacques Ier, Jacques II et Jacques III, essayèrent vainement de réprimer ces désordres.

cipaux faits des règnes de Henri IV et de Henri V ? — Donnez quelques détails sur la situation de l'Écosse.

CHAPITRE XXXII.

Espagne. Khalifat de Cordoue. Abdérame le Grand. Lutte des chrétiens contre les Arabes. — Les royaumes chrétiens. Alphonse VI; le Cid. Les Almoravides et les Almohades. Bataille de Tolosa. — Pierre le Cruel et Henri de Transtamare; bataille de Montiel. Alphonse le Magnanime. Royaume de Portugal.

94. Espagne. Khalifat de Cordoue. Abdérame le Grand. Lutte des chrétiens contre les Arabes. — Il y avait déjà cent cinquante-six ans que les khalifes de Cordoue régnaient en Espagne (912), s'illustrant, comme ceux de Bagdad, par leurs exploits et par la brillante civilisation qu'ils répandaient autour d'eux. Le huitième khalife de la dynastie des Ommiades est célèbre dans l'histoire sous le nom d'Abdérame le Grand. Dès son avénement, il mit fin à la révolte continuelle des gouverneurs des provinces et prit le titre de *commandeur des croyants*. Après avoir ainsi affermi sa puissance, il fit la guerre aux chrétiens qui, depuis la retraite de Pélage et de ses valeureux compagnons, défendaient leur religion et leur indépendance dans les montagnes des Asturies et de la Galice. C'est au nom du Christ et de la liberté qu'ils soutinrent contre les Arabes une lutte héroïque de huit siècles,

QUESTIONS. — 94. Donnez quelques détails sur les khalifes de Cordoue. — Que fit Abdérame le Grand? —

sainte croisade qui se termina par l'expulsion des infidèles.

Abdérame le Grand, constamment victorieux, profita de la paix qu'il accorda aux chrétiens pour faire fleurir les arts, le commerce, l'industrie, et pour embellir Cordoue de magnifiques monuments. Il mourut en 961, regretté de tout son peuple. En 976, la veuve du khalife Al-Hakem II donna sa confiance au ministre ou vizir Almanzor, qui pendant trente ans soutint la grandeur et la gloire du khalifat. Après de nombreuses victoires remportées sur les chrétiens, cet illustre capitaine, vaincu dans une dernière et terrible bataille, se tua de désespoir (998). Dès lors commença la décadence de la domination arabe, et après la mort d'Hescham II, en qui s'éteignit la dynastie des Ommiades, le khalifat de Cordoue se divisa en dix-neuf royaumes indépendants, dont les principaux étaient ceux de Tolède, de Valence, de Saragosse, de Murcie, de Cordoue, de Grenade et de Séville.

95. Les royaumes chrétiens. Alphonse VI; le Cid. Les Almoravides et les Almohades. Bataille de Tolosa. — Pendant que le khalifat de Cordoue se démembrait, les royaumes chrétiens de Navarre, d'Aragon, de Castille et de Léon, qui s'étaient formés dans le cours du dixième et du onzième siècle,

Dans quelle partie de l'Espagne les chrétiens défendaient-ils leur indépendance? — Que devint le khalifat de Cordoue après la défaite d'Almanzor? — 95. Quels sont les royaumes chrétiens qui s'étaient formés? — Quelle ville fut conquise par Alphonse VI? — Racontez les exploits

se fortifiaient et s'étendaient. Alphonse VI, roi de Castille et de Léon (1076), se rendit maître de Tolède, qui devint la capitale de ses États. C'est alors aussi que s'illustra le héros de la Castille, Rodrigues de Bivar, plus connu sous le nom de Cid Campéador, dont les grands exploits ont été célébrés dans des poésies populaires. Le Cid, la terreur des infidèles, conquit sur eux la riche province de Valence. Un peu plus tard, Alphonse Ier, roi d'Aragon, s'emparait de Saragosse. Ces succès furent arrêtés par l'apparition de nouveaux et farouches ennemis venus de l'Afrique. Ce furent d'abord les Almoravides, qui à deux reprises envahirent l'Espagne et firent éprouver aux princes chrétiens plusieurs défaites. Aux Almoravides succédèrent les Almohades, encore plus redoutables que leurs devanciers. Dans le danger qui menaçait l'Espagne chrétienne, le pape Innocent III fit prêcher une croisade chez les seigneurs de la langue d'oc. Un grand nombre de guerriers, répondant à l'appel du souverain pontife, coururent s'unir aux rois de Castille, d'Aragon et de Navarre. La sanglante défaite infligée aux Almohades à la bataille de Tolosa (1212) porta un coup mortel à la puissance musulmane. Dès lors, la domination chrétienne fait de rapides progrès. Saint Ferdinand, roi de Castille, soumet Séville et Cordoue; vers le

du Cid. — Par quels nouveaux ennemis l'Espagne fut-elle envahie? — Où furent-ils vaincus? — Quelles conquêtes les chrétiens firent-ils? — Racontez la rivalité de Pierre

même temps, Jayme Ier, roi d'Aragon, surnommé le Conquérant, s'emparait du royaume de Valence. Les Arabes ne possédaient plus en Espagne que le royaume de Grenade, dont ils devaient encore rester maîtres pendant trois cents ans.

96. Pierre le Cruel et Henri de Transtamare; bataille de Montiel. Alphonse le Magnanime. Royaume de Portugal. — Dans le quatorzième siècle, la Castille eut beaucoup à souffrir de la rivalité de deux frères, Pierre le Cruel et Henri de Transtamare, tous deux fils d'Alphonse XI, mais pas de la même mère. A peine monté sur le trône, Pierre le Cruel fit tuer sous ses yeux Eléonore de Guzman, deuxième femme de son père, et jeta dans une horrible prison sa femme Blanche de Bourbon. Cet affreux tyran se jouait de la vie des hommes : la moindre plainte contre sa conduite était punie de mort. Henri de Transtamare, fils d'Éléonore, voulut venger sa mère : il appela à son secours l'illustre Duguesclin, qui lui amena de France les soldats aventuriers désignés sous le nom de *Grandes Compagnies*. Pierre le Cruel, vaincu à la bataille de Montiel (1369), fut fait prisonnier et amené dans la tente de son frère Henri, qui le poignarda de sa main.

Alphonse V, dit le Magnanime, roi d'Aragon, fut le plus glorieux de tous les souverains d'Espagne dans le moyen âge (1416). Maître de la Catalogne, des îles Baléares, de la Sicile et de la

le Cruel et de Henri de Transtamare. — Quelle était la puissance d'Alphonse d'Aragon? — A qui laissa-t-il ses

Sardaigne, il fit encore la conquête du royaume de Naples, où il établit sa résidence. A sa mort (1458), il laissa la Navarre à Jean son frère et le royaume de Naples avec l'Aragon à son fils Ferdinand, époux de l'illustre Isabelle la Catholique, reine de Castille, dont le règne appartient à l'histoire moderne.

Sous le règne d'Alphonse VI, en 1094, Henri de Bourbon, arrière-petit-fils de Robert, roi de France, vint en Espagne pour combattre les Arabes. Il conquit sur eux Porto-Calé et les pays situés entre le Douro et le Minho. Son fils Alphonse Henriquez se rendit maître de Lisbonne et des provinces de Beira et d'Estrémadoure; ce fut l'origine du royaume de Portugal. Les successeurs d'Alphonse ajoutèrent à ces possessions l'Alemléjo et les Algarves, et dès lors le Portugal eut les limites qu'il n'a pas dépassées. Jean le Grand (1385) tourna l'activité de ses sujets vers les découvertes maritimes. En 1412, les Portugais touchent à l'île Madère; en 1448, ils abordent aux Açores; quarante ans après ils devaient arriver au cap de Bonne-Espérance et trouver la route des Indes.

États? — Donnez quelques détails sur le royaume de Portugal.

CHAPITRE XXXIII.

Italie. Guelfes et Gibelins. Seigneurie de Milan. Les Visconti; les Sforza. — Républiques maritimes. Rivalité de Gênes et de Pise, de Gênes et de Venise. — Toscane; les Médicis. États de l'Église; le saint-siége à Avignon; grand schisme d'Occident. Le royaume de Naples.

97. Italie. Guelfes et Gibelins. Seigneurie de Milan. Les Visconti; les Sforza. — Après Frédéric II et l'extinction de la puissante famille des Hohenstaufen, l'Italie, morcelée en petits États, resta livrée aux factions des Guelfes et des Gibelins. En général, les Guelfes représentaient le parti de l'indépendance nationale; les Gibelins étaient partisans des empereurs d'Allemagne. Ces noms servirent aussi à désigner la lutte particulière de deux villes ou de deux familles de la même ville. Les rivalités et les haines des Guelfes et des Gibelins devaient ensanglanter l'Italie durant plusieurs siècles.

En Lombardie, les podestats ou gouverneurs établis dans les villes par les empereurs d'Allemagne y avaient usurpé l'autorité souveraine : ce furent autant de tyrans. A Milan, les Torriani, podestats guelfes, furent chassés en **1277** par Othon Visconti, chef d'une famille gibeline, qui se fit proclamer seigneur perpétuel. Il gouverna vingt ans et eut pour successeur son neveu Matteo Visconti, qui reçut de l'empereur Adolphe de Nassau le titre de vicaire impérial pour le Milanais. Ses successeurs agrandirent la puissance de leur maison. Jean II Galéas (1378) soumit à son pouvoir les principales villes de la Lombardie, obtint de l'empereur Wenceslas le titre de duc, et sa fille Valentine épousa le duc d'Orléans, frère de Charles VI (1396).

Jean-Marie et Philippe-Marie (1402) succédèrent à leur père Jean-Galéas. Le premier périt assassiné ; le second fut témoin de la révolution qui renversa sa famille. Un jour, des enrôleurs trouvèrent sur le territoire de Catignola un paysan qui labourait la terre ; ils l'emmenèrent avec eux ; il s'appelait Jacques Attendolo, dit Sforza. Ce condottiere, en s'élevant de grade en grade, dut sa fortune à la guerre ; il mourut en 1424, grand connétable du royaume de Naples. Son fils François Sforza remporta plusieurs victoires sur Philippe-Marie Visconti, qui, pour le gagner définitivement à son parti, lui donna la main de sa fille. A la mort de Philippe, et après une guerre de trois années, il resta maître du duché de Milan (1450). Ses descendants se maintinrent au pouvoir jusqu'en 1535.

98. Républiques maritimes ; rivalité de Gênes et de Pise, de Gênes et de Venise. — Au moyen âge, Gênes, Pise et Venise furent de puissantes républiques. L'ambition qui les poussait à étendre leur commerce maritime et leur domination fit naître entre elles des rivalités et des guerres. Pendant la lutte de l'empire contre l'Italie, Gênes embrassa le parti des Guelfes et Pise celui des Gibelins. Elles se disputèrent les îles de Sardaigne et de Corse : la flotte de Pise fut détruite au combat de la Méloria (1284). Pour résister à leurs ennemis, les Gibelins de Pise confièrent le pouvoir au comte Ugolin, qui, par sa cruelle tyrannie, attira sur sa patrie et sur lui-même la vengeance des Guelfes. Ugolin fut pris et enfermé dans une tour, où on le laissa mourir de faim avec quatre de ses fils et petits-fils. Peu après, un traité conclu avec Gênes forçait Pise à combler son port et à signer ainsi sa ruine (1290).

Pendant ce temps, une autre république grandissait · c'était celle de Venise, que la quatrième croisade avait rendue maîtresse des îles de Candie, de Corfou, de l'Archipel, d'une partie de Constantinople et du commerce de l'empire grec. Cette grande puissance inquiéta Gênes, et il s'ensuivit une longue lutte entre les deux républiques. Venise, vaincue plusieurs fois, était sur le point de succomber, lorsqu'elle fut sauvée par l'habileté de son illustre amiral Pisani, qui fit prisonnières l'armée et la flotte génoises (1380). Dès lors commença la décadence de Gênes, qui finit par laisser à sa rivale l'empire des mers. Venise

ment périt Ugolin ? — Racontez la lutte entre Gênes e.

s'était donné un gouvernement aristocratique. Les membres des familles nobles, dont les noms étaient inscrits sur le *livre d'or*, faisaient seuls partie du grand conseil, auquel appartenait l'élection du doge ou chef de la république. Enfin, il y avait le conseil des *Dix*, conseil redoutable et despotique dans les mains duquel tous les pouvoirs étaient concentrés.

99. Toscane; les Médicis. États de l'Église; le saint-siége à Avignon; grand schisme d'Occident. Le royaume de Naples. — La Toscane était divisée en autant de républiques qu'elle comptait de villes. Florence, la plus importante de ces républiques, fut déchirée par les factions des Guelfes et des Gibelins. Après une longue période de troubles et de désordres, elle finit par dominer en Toscane et trouver la sécurité et la paix sous le gouvernement des Médicis. Cosme de Médicis exerça le pouvoir souverain, avec le modeste titre de gonfalonier, de 1434 à 1464.

Depuis que Philippe le Bel, après la mort de Boniface VIII, avait contraint le pape Clément V à transférer le saint-siége à Avignon, les États de l'Eglise avaient perdu leur unité. Les plus puissants vassaux profitèrent de l'absence des souverains pontifes pour se rendre indépendants. A Rome, un homme obscur, Nicolas Rienzi, tenta d'établir une république et se fit décerner le titre de tribun (1347); mais il se perdit par ses violences : il fut tué au milieu d'un soulèvement populaire. Enfin, le pape Grégoire XI put quitter Avignon (1376) et rentrer dans Rome, où son retour, accueilli avec enthousiasme par tout le peuple, fut appelé la *fin de la nouvelle captivité de Babylone*. A la mort de Grégoire XI (1376), son successeur légitime Urbain VI, librement élu, siégea à Rome, tandis que l'antipape Clément VII, dont l'élection n'était pas légitime, s'établit à Avignon. Ainsi commença le grand schisme d'Occident, qui troubla la chrétienté et ne finit qu'en 1449, lorsque Nicolas V eut été reconnu comme le seul et légitime souverain pontife.

Dans l'Italie méridionale, les successeurs de Charles d'Anjou firent de vains efforts pour recouvrer la Sicile qu'il avait perdue : un traité assura la possession de la Sicile aux Aragonais et celle de Naples aux Provençaux. La reine de Naples, Jeanne II, en adoptant tour à tour pour successeur Alphonse V d'Aragon et Louis III d'Anjou (1435), suscita la guerre entre les deux maisons. Alphonse resta maître du royaume de Naples; mais les princes d'Anjou allaient transmettre dans la personne de leur dernier descendant, René de Provence, leurs droits au roi de France, qui devait les soutenir par les armes.

grand schisme d'Occident. — Combien de temps durat-il? — Quelle était la situation de la Sicile et de Naples?

CHAPITRE XXXIV.

Allemagne. Rodolphe de Habsbourg; maison d'Autriche.
Adolphe de Nassau. — Albert I⁰⁰. Ligne helvétique. Guillaume Tell. La Suisse affranchie. — Henri VII de Luxembourg. Wenceslas; Sigismond. Albert II d'Autriche.

100. Allemagne. Rodolphe de Habsbourg; maison d'Autriche. Adolphe de Nassau, — Après le grand interrègne, la couronne impériale avait été donnée, comme on l'a déjà vu, à Rodolphe de Habsbourg. Les électeurs, en portant leur choix sur ce prince pauvre et obscur, croyaient n'avoir rien à craindre de son ambition. Leur attente fut trompée. Le jour du couronnement, on ne trouva pas le sceptre sur lequel les seigneurs devaient prêter le serment d'hommage au souverain ; ils l'avaient caché. Rodolphe saisit une croix sur l'autel et l'éleva en s'écriant : « La croix qui a sauvé le monde vaut bien un sceptre. » Un seul prince refusa l'hommage : ce fut Ottocar II, roi de Bohême. L'empereur lui fit la guerre, et Ottocar fut vaincu et tué dans la plaine de Marchfeld, près de Vienne (1278). Le traité d'Iglau valut à Rodolphe le duché d'Autriche, la Styrie, la Carinthie et la Carniole. Cet agrandissement plaça la maison de Habsbourg-Autriche au rang des plus puissantes maisons de l'Allemagne. Rodolphe

QUESTIONS. — 100. Qu'arriva-t-il le jour du couronnement de Rodolphe de Habsbourg? — Quel est le prince qui refusa le serment d'hommage? — Quelles acquisitions

laissa la couronne de Bohême à Wenceslas, fils d'Ottocar, et lui donna une de ses filles en mariage. L'empereur, avant de mourir, demanda à la diète la couronne pour son fils Albert; mais les électeurs, qui commençaient déjà à redouter la puissance de cette nouvelle maison, refusèrent à son fils Albert le nom de roi des Romains, qui était ordinairement celui de l'héritier de la couronne impériale. On élut Adolphe de Nassau, qui n'avait d'autres titres aux suffrages des électeurs que son obscurité et son impuissance; il était même si pauvre, que le jour de son couronnement il n'eut pas assez d'argent pour payer les frais de la cérémonie. Cependant il voulut étendre ses domaines héréditaires, et, pour arriver à son but, il mendia des secours étrangers, s'attirant ainsi le mépris de ses sujets. Bientôt les électeurs le déclarèrent indigne du trône et nommèrent roi des Romains Albert d'Autriche. La guerre s'ensuivit; Adolphe fut vaincu et tué à Gelheim, près de Worms (1298).

101. Albert Ier. Ligue helvétique. Guillaume Tell. La Suisse affranchie. — Albert Ier d'Autriche se fit sacrer à Aix-la-Chapelle. Pendant les dix années de son règne, il ne songea qu'à l'agrandissement de sa maison, cherchant, par des moyens injustes et violents, à s'emparer de la Bohême, du comté de Hollande, de la Thuringe; mais toutes ses tentatives échouèrent.

Rodolphe fit-il ? — Comment Adolphe de Nassau perdit-il le trône ? — 101. Albert Ier réussit-il dans ses desseins

Enfin, il voulut changer en souveraineté le protectorat que la maison de Habsbourg exerçait sur trois cantons[1] de l'Helvétie (Suisse). Il ordonna à ses avoyers[2] de tyranniser les habitants, et on raconte qu'un de ces avoyers, nommé Gessler, condamna à mort Guillaume Tell, rude et fier montagnard, qui avait refusé de lui rendre un servile hommage. Toutefois, il lui permit de racheter sa vie, à condition qu'il abattrait d'un coup de flèche une pomme placée sur la tête de son jeune fils : Guillaume Tell abattit la pomme sans blesser l'enfant, et d'une autre flèche il perça le cœur de Gessler.

Quoi qu'il en soit de ce récit, il est certain que les odieuses vexations des agents de l'empereur provoquèrent le soulèvement des cantons suisses. Trois habitants, Werner Stauffacher, Arnold de Melchthal et Walther Fürst, chacun avec dix amis de son choix, se réunirent sur la plage du Rütli et firent le serment de rendre l'indépendance à leur pays (1307). L'année suivante, ils s'emparèrent des châteaux des gouverneurs et proclamèrent l'alliance et la confédération des trois cantons. Albert Ier s'avançait avec une armée pour combattre l'insurrection, lorsqu'il fut assassiné sur les bords de la Reuss par son

ambitieux ? — Racontez sa lutte contre la Suisse. — Comment périt-il ? — Les fils d'Albert purent-ils soumettre la

1. Ces trois cantons étaient ceux d'Uri, d'Unterwalden et de Schwitz : ce dernier a donné son nom à la Suisse.
2. Magistrats qui exerçaient le droit de haute justice au nom de l'empereur.

neveu, Jean de Souabe, dont il retenait injustement l'héritage. Les fils d'Albert poursuivirent vainement ses desseins contre la Suisse : le duc d'Autriche Léopold fut vaincu à Morgarten (1315). Les trois cantons renouvelèrent leur ligue, à laquelle se joignirent successivement Lucerne, Zurich, Glaris, Zug et Berne. L'Autriche, après deux autres défaites, l'une à Sempach, l'autre à Nœfels, se décida à reconnaître définitivement l'indépendance et la neutralité de la Suisse.

102. Henri VII de Luxembourg. Wenceslas ; Sigismond. Albert II d'Autriche. — Après la mort d'Albert Ier, la maison d'Autriche fut écartée du trône : les électeurs donnèrent la couronne impériale à Henri, comte de Luxembourg, qui prit le nom de Henri VII. Ce prince songea, comme les Habsbourg, à l'agrandissement de sa maison ; il fiança son fils aîné, Jean de Luxembourg, avec Elisabeth, fille et héritière du dernier roi de Bohême. Il fit une expédition en Italie pour faire revivre les droits des empereurs sur cette contrée, mais il mourut sans avoir réussi dans son entreprise (1313). Après un interrègne d'un an, les électeurs se partagèrent entre Louis de Bavière et Frédéric d'Autriche. Les deux rivaux se firent la guerre ; Frédéric fut vaincu à la bataille de Muhldorf et fait prisonnier (1322). Louis de Bavière mourut au retour d'une malheureuse expédition en Italie. Charles IV de

Suisse ? — **102.** Quels sont les principaux faits des règnes de Henri VII, de Louis de Bavière et de Charles IV ? —

Luxembourg fut élu à sa place. Ce prince publia la célèbre constitution de la *bulle d'or;* cet acte, qui fut revêtu du sceau et de la bulle d'or, d'où il prit son nom, déterminait les droits et privilèges des électeurs, le lieu et le mode d'élection. Charles IV ajouta à ses États héréditaires le Haut-Palatinat, la Silésie et le Brandebourg. Son fils Wenceslas, qui lui succéda, se rendit odieux par ses honteux déréglements et par ses cruautés; ses sujets se révoltèrent, l'emprisonnèrent, et sept ans après les électeurs le déposèrent. On lui donna pour successeur Robert de Bavière, qui mourut en 1410. Sigismond, frère de Wenceslas, fut élu empereur. C'est sous ce prince que s'assembla le concile de Constance pour mettre un terme au grand schisme qui désolait l'Eglise. La condamnation et le supplice de l'hérétique Jean Huss, recteur de l'université de Prague, excitèrent un soulèvement en Bohême. Il s'ensuivit une guerre terrible qui, pendant seize ans, désola l'Allemagne. Sigismond mourut en 1437, et avec lui s'éteignit la maison royale de Luxembourg. On en revint à la maison d'Autriche, qui devait conserver le sceptre impérial jusque dans les premières années du dix-neuvième siècle. Albert II, gendre de Sigismond, élu empereur, mourut au bout de deux ans et laissa la couronne à son parent Frédéric III, dont le règne appartient à l'histoire moderne.

Pourquoi Wenceslas fut-il déposé? — Par quelle guerre fut signalé le règne de Sigismond? — Avec quel prince la maison d'Autriche reprit-elle la couronne impériale?

CHAPITRE XXXV.

Ètats scandinaves : Danemark, Norwége, Suède. Marguerite de Waldemar. Union de Calmar. — Etats slaves. Russie. Rurik et ses premiers successeurs. Invasion des Mongols. Dimitry II. — Pologne. Les Piasts. Chevaliers de l'ordre Teutonique. Casimir III. Les Jagellons.

103. États scandinaves : Danemark, Norwége, Suède. Marguerite de Waldemar. Union de Calmar. — L'Europe septentrionale est terminée par deux péninsules ou presqu'iles : l'une, la plus grande, comprend la Suède et la Norwége ; l'autre forme le Danemark. Les trois États de Suède, de Norwége et de Danemark, renfermés dans ces deux péninsules et habités par des populations de même origine, ont reçu la dénomination commune d'États scandinaves. C'est de ces contrées que sortirent les hardis pirates qui, sous le nom de Normands, ravagèrent la France et, sous celui de Danois, conquirent l'Angleterre. Le christianisme pénétra tardivement chez ces peuples ; ils ne furent convertis que dans le cours du dixième ou du onzième siècle.

Le Danemark était désigné chez les anciens sous le nom de Chersonèse cimbrique. Son histoire n'offre quelque intérêt qu'à partir du onzième siècle. Sous les règnes de Waldemar Ier et de Waldemar II, le Danemark acquit le Holstein,

QUESTIONS. — 103. Donnez quelques détails sur les États scandinaves ? — Quels sont les rois qui méritent

le Mecklembourg, la Poméranie et l'Esthonie (1241). Après un siècle de troubles et de dissensions, Waldemar III mit un terme à l'anarchie : sa fille Marguerite devait réunir sur sa tête les trois couronnes des États scandinaves.

La Norwége, divisée d'abord en plusieurs petits États, forma un seul royaume depuis le neuvième siècle jusqu'au traité de Calmar. Un de ses rois, Magnus VIII, était aussi roi de Suède (1319); mais les États le forcèrent d'abdiquer en faveur de son fils Haquin VIII, qui épousa, en 1362, Marguerite de Waldemar, héritière du royaume de Danemark. La Norwége cessa dès lors de s'appartenir à elle-même; elle perdit sa nationalité.

Olaüs ou Olaf est le prince qui porta le premier le nom de roi de Suède. Parmi ses successeurs, on distingue Éric le Saint (1155), qui introduisit la religion chrétienne dans la Finlande qu'il avait conquise; Waldemar, fondateur de la ville de Stockholm (1254); Magnus, qui fit régner une si bonne justice et une si grande prospérité qu'on lui donna le surnom de Ladulas ou *Serrure des greniers*. Après des discordes suscitées au sujet de la succession au trône, Albert de Mecklembourg fut élu roi; mais il mécontenta la noblesse, qui le déposa (1389) et qui offrit la couronne à Marguerite de Valdemar. Cette princesse, connue dans l'histoire sous le nom de

d'être connus ? — Comment Marguerite de Valdemar réunit-elle sur sa tête les trois couronnes? — 104. Quelle

Sémiramis du Nord, et qui était déja reine de Norwége et de Danemark, répondant à l'appel des Suédois, vint à la tête d'une puissante armée, battit Albert de Mecklembourg à Falkœping (1389) et réunit ainsi sur sa tête les trois couronnes de Suède, de Norwége et de Danemark. Peu de temps après, les députés de chacun des trois royaumes ayant été convoqués à Calmar, Marguerite leur fit adopter la constitution dite *Union de Calmar*, qui réunit les trois États du nord en un seul (1397). Cette union, maintenue sous les deux premiers successeurs de Marguerite, se rompit en 1440 : la Suède se donna un roi national, Charles Canutson, tandis que le Danemark et la Norwége, restés unis, élurent Christiern Ier, de la maison d'Oldenbourg.

104. États slaves. Russie. Rurik et ses premiers successeurs. Invasion des Mongols. Dimitry II. — Les Slaves, partagés en un grand nombre de tribus, occupaient tout le pays situé entre la mer Noire et les monts Ourals. Les Russes et les Polonais appartiennent à cette race. Rurik, chef de pirates, passe pour avoir été le fondateur de la puissance russe (850). Un de ses successeurs, Yaroslaf, prit le premier le titre de grand-duc, et fut le législateur de son peuple (1054). Après lui, la Russie, morcelée et affaiblie par des dissensions intestines, devint la proie des Tartares Mongols. Témoudgin, sur-

contrée les Slaves occupaient-ils? — Donnez quelques détails sur les premiers princes de la Russie. — Racontez

nommé Gengis-khan (chef des chefs), qui commandait les hordes mongoliques, avait soumis le nord de la Chine, le Turkestan et d'autres contrées. Octaï, un de ses successeurs, envahit la Russie (1237), s'empara de Moscou, mit fin au grand-duché de Kiew, et ne laissa subsister celui de Wladimir qu'à la condition de payer tribut. Pendant deux siècles, la Russie resta soumise au plus humiliant asservissement. Il était réservé à Iwan III de délivrer son pays du joug des Tartares. Le règne de ce prince appartient à l'histoire moderne.

105. Pologne. Les Piasts. Chevaliers de l'ordre Teutonique. Casimir III. Les Jagellons. — L'histoire de la Pologne ne commence qu'avec Piast, son premier duc (842) et fondateur d'une dynastie qui gouverna ce pays jusqu'en 1370. La Pologne se fit chrétienne vers le milieu du dixième siècle. Boleslas Ier prit le titre de roi (995); Boleslas III, par des guerres heureuses, agrandit ses États, qui, après lui (1139), furent partagés en plusieurs principautés pour ses fils. La Pologne, affaiblie par ce funeste partage, eut encore des voisins ambitieux et redoutables dans les chevaliers Teutoniques, ordre religieux et militaire qui s'était établi à Culm pour convertir les peuples païens de la Prusse. Les chevaliers Teutoniques finirent par rester maîtres de toute

l'invasion des Mongols. — 105. A quelle époque commence l'histoire de la Pologne? — Quels sont les princes les plus remarquables de la dynastie des Piasts?—Qu'étaient-ce que les chevaliers Teutoniques? — Quel pays

la Prusse, où ils fondèrent les villes de Kœnigsberg et de Mariembourg (1280).

Cependant la nationalité polonaise se reconstituait par la réunion des principautés. Le dernier prince de la race des Piasts, Casimir III, surnommé le Grand (1333), ajouta de nouveaux territoires à ses États et fut le législateur de son peuple. En 1386, le grand-duc de Lithuanie, Wladislas Jagellon, fut appelé au trône et commença la dynastie des Jagellons, sous laquelle la Pologne devait atteindre l'apogée de sa puissance. Jagellon battit les chevaliers Teutoniques; son fils Wladislas VI leur enleva deux provinces, et Casimir IV leur imposa le traité de Thorn (1466), par lequel ils lui cédaient en toute souveraineté la Prusse occidentale. Dès lors la Pologne se plaça au premier rang des États du Nord.

CHAPITRE XXXVI.

Empire Grec. Les Turcs Ottomans. Orkan; les janissaires. Amurath Iᵉʳ; guerre contre la Servie. — Bajazet Iᵉʳ. Bataille de Nicopolis. Tamerlan et les Mongols; bataille d'Angora, — Amurath II; bataille de Varna; Mahomet II; siége et prise de Constantinople. Fin de l'empire grec.

106. Empire grec. Les Turcs Ottomans. Orkan; les janissaires. Amurath Iᵉʳ; guerre contre la

occupèrent-ils? — Sous quelle dynastie la Pologne devint-elle puissante?

Questions. — 106. A quelle époque l'empire grec rem-

Servie. — L'empire latin fondé par les chrétiens n'avait duré que cinquante-sept ans. Michel Paléologue, de la famille des princes grecs réfugiés à Nicée, s'empara de Constantinople, s'y fit couronner empereur et commença la dynastie des Paléologues (1261). Son fils Andronic lui succéda (1282), et c'est sous son règne que les Turcs commencèrent à inquiéter l'empire d'Orient. Othman, chef d'une tribu de Turcs récemment établis sur les frontières de cet empire, pénétra dans l'Asie Mineure en 1299 et put ensuite fixer sa résidence à Pruse (Brousse), dont son fils Orkan s'était rendu maître : il y mourut en 1326. Tel fut le commencement de l'empire qui porte le nom d'Ottoman, du nom de son fondateur. Orkan s'appliqua à consolider les conquêtes de son père. C'est à lui que l'on attribue la création des janissaires, appelés ainsi de deux mots turcs qui signifient *nouveaux soldats*. C'était un corps d'infanterie turque, composé de captifs chrétiens enlevés tout jeunes à leurs familles et à leur patrie, dont ils ne gardaient bientôt plus aucun souvenir. Élevés dans l'ignorance la plus grossière, ils n'avaient d'autre sentiment qu'une obéissance passive et d'autre culte qu'un aveugle fanatisme. Amurath Ier, fils et successeur d'Orkan en 1360, soumit toute la Thrace et s'empara d'Andrinople, dont il fit sa résidence. Les peuples chrétiens de la Servie et de la Bosnie, ef-

plaça-t-il l'empire latin ? — Quels furent les commencements de la puissance ottomane ? — Qu'étaient-ce que les janissaires ?—Quelles victoires Amurath Ier remporta-

frayés des progrès des Turcs, vinrent attaquer Amurath près de la Maritza : ils furent battus. Amurath prit à son tour l'offensive et remporta, à Cassovie, une seconde victoire sur les chrétiens. Pendant qu'il visitait le champ de bataille, il fut poignardé par un Servien (1389).

107. Bajazet Ier. Bataille de Nicopolis. Tamerlan et les Mongols; bataille d'Angora. — Le fils d'Amurath, Bajazet Ier, surnommé l'Éclair à cause de la rapidité de ses mouvements, soumit en peu de temps les Bulgares, les Serviens et la Thessalie. Ces conquêtes intéressèrent les princes chrétiens d'Occident en faveur de l'empire grec. Les chevaliers de France, de Bourgogne et d'Allemagne, au nombre de plus de cent mille, avec Sigismond, roi de Hongrie, et Jean Sans-Peur, fils du duc de Bourgogne, allèrent livrer bataille à Bajazet dans la plaine de Nicopolis (1396) ; ils furent vaincus, et beaucoup d'entre eux pris ou tués. L'empereur grec, Manuel II, tremblait déjà pour sa couronne, lorsqu'il fut sauvé par l'apparition soudaine de Tamerlan et de ses Mongols. Tamerlan ou Timour-Lenk (Timour le Boiteux), chef de tribu aux environs de Samarcande, entreprit de recommencer avec les Mongols l'œuvre de Gengis-khan, dont il descendait, dit-on, par les femmes. Il s'empara de plusieurs villes du Caucase et de l'Arménie, entra dans

t-il ? — 107. Racontez la bataille de Nicopolis. — Qu'était-ce que Tamerlan ? — Quelles contrées ravagea-t-il ? — Où livra-t-il bataille à Bajazet ? — Quel en fut le ré-

Ispahan, capitale de la Perse, et de là se dirigea vers l'Inde, qu'il parcourut jusqu'aux sources du Gange, semant partout sur son passage l'épouvante, la dévastation et la mort. Appelé par des émirs seldjoucides que Bajazet avait dépouillés, il accourut, détruisit Bagdad, Alep, Damas, et livra près d'Angora (Ancyre) une terrible bataille dans laquelle Bajazet fut vaincu et fait prisonnier (1402). Quelques historiens disent que Tamerlan traita son captif avec générosité; d'autres prétendent que, traîné à la suite du chef des Mongols, Bajazet fut enfermé dans une cage de fer, où il mourut à Antioche de Pisidie

108. Amurath II ; bataille de Varna. Mahomet II; siége et prise de Constantinople. Fin de l'empire grec. — Les fils de Bajazet se disputèrent l'héritage de leur père. L'un d'eux, Mahomet Ier, resté seul maître, releva la puissance de l'empire ottoman. Son fils, Amurath II, assiégea Constantinople avec deux cent mille hommes; mais il fut forcé de se retirer après avoir perdu une partie de son armée. Il fut alors attaqué par les Hongrois, qui avaient à leur tête un illustre seigneur de Transylvanie, Jean Huniade. Amurath, vaincu deux fois, demanda la paix et obtint une trêve de dix ans, en évacuant la Servie. Le roi de Hongrie, Wladislas, rompit le traité l'année même où il avait été conclu. Le sultan irrité reprit les armes et gagna sur les

sultat? — 108. Racontez la guerre d'Amurath II avec les Hongrois. — Quel adversaire trouva-t-il dans l'Albanie?

Hongrois la sanglante bataille de Varna, dans laquelle Wladislas perdit la vie (1444). Amurath envahit alors l'Albanie; mais là toutes ses entreprises furent déjouées par l'habileté et l'héroïque vaillance de Georges Castriot Scanderberg.

Mahomet II, fils et successeur d'Amurath II (1451), n'eut qu'une pensée, la conquête de Constantinople. Le 6 avril 1453, sa nombreuse armée, avec une formidable artillerie, investit la ville. Les vaisseaux turcs qui couvraient le Bosphore ne purent forcer l'entrée du port, fermée par une énorme chaîne de fer. Mahomet fit construire un plancher sur lequel les vaisseaux furent hissés et glissèrent jusqu'au milieu du port à l'aide de rouleaux enduits de graisse. Enfin, le 29 mai, la ville fut emportée d'assaut, et le dernier empereur grec, Constantin Dracosès, périt vaillamment sur la brèche. Mahomet II fit son entrée triomphale dans Constantinople, qui devint la capitale de son empire, et le croissant remplaça la croix sur l'église de Sainte-Sophie. La chute de l'empire d'Orient, dont le bruit retentit dans toute l'Europe, termine la période appelée Moyen âge.

— Racontez le siége et la prise de Constantinople par Mahomet II.

FIN.

TABLE DES MATIÈRES.

FIN.